Cómo lograr que tu gato sea feliz

Pilar Guerrero
@vetfelina_

Cómo lograr que tu gato sea feliz

Editorial Arcopress • Colección Sociedad Actual
Edición: Pilar Pimentel
Diseño y maquetación: Fernando de Miguel
Ilustraciones: Enrique González Domínguez (@kikeglez.art)
Cubierta: Marien Otero

Síguenos en @AlmuzaraLibros

Imprime: Gráficas La Paz
ISBN: ISBN: 978-84-11312-83-7
Depósito Legal: CO-2023-2022
Hecho e impreso en España - *Made and printed in Spain*

Editorial Almuzara
Parque Logístico de Córdoba. Ctra. Palma del Río, km 4
C/8, Nave L2, nº 3. 14005 - Córdoba

A Sergio, por ser mi mayor fuente de apoyo
y creer en mí desde el principio.

Índice

La importancia de un gato feliz

Tenía 17 años cuando tuve mi primer gato. Realmente, no era mío del todo, sino que fue mi padre el que lo adoptó, y yo iba todos los domingos a verlo a su casa. Recuerdo que no sabía nada sobre gatos, pues yo había convivido con todo tipo de animales: perros, tortugas, loros, iguanas…, pero nunca con un gato.

Recuerdo perfectamente lo que sentí la primera vez que se acurrucó a mi lado en el sofá. Fue algo único, mágico…, y en ese momento supe que ese animal había aparecido en mi vida por algo.

Más tarde, al comenzar la carrera, compartía piso con tres compañeras, todas amantes de los animales, y tomamos la decisión de convertirnos en casa de acogida. En esos años pasaron por nuestro hogar seis gatos

13

distintos, de todas las edades y de todos los temperamentos posibles. Cada uno de esos gatos supuso para mí un gran aprendizaje. Lo único que tenía claro es que, algún día, cuando mi situación me lo permitiese, tendría mi propio gato.

Conforme avanzaba el tiempo de convivencia con los gatos, algo me decía que podía hacerlo mejor, que yo podía hacer algo más por la felicidad de esos animales, y no solo cuidarlos para curar sus enfermedades, sino mejorar y potenciar la relación mutua, mediante el trato que yo les daba en casa.

Empecé a leer, a investigar… Eran animales nuevos para mí, y no me resultaba fácil entenderlos. Poco a poco, fui identificando pequeñas cosas que podía hacer para mejorar sus vidas. Así fue como el segundo gato fue un poco más feliz que el primero, y el cuarto algo más feliz que los terceros (sí, eran dos, dos hermanos pequeñines que nunca olvidaré). En tercero de carrera, asistí a un congreso de etología, la ciencia que estudia el comportamiento de los animales. Ya había cursado esa asignatura y recuerdo cómo me fascinó, pero fue en aquel congreso cuando supe que mi camino tenía que ser ese.

No os voy a mentir, desde el congreso de etología hasta que comencé de forma seria con el estudio de la especialidad cambié mucho de rumbo. Es lo bueno —y a la vez lo malo— que tiene la veterinaria, hay mil salidas posibles, por lo que le di bastantes vueltas.

Sin embargo, algo me decía que la etología era mi camino, así que me decidí a emprenderlo. Me dispuse a ello y cometí fallos, y muchos. Cuando empecé con el que ahora es mi compañero de vida, él tenía una gata. Me pareció la gata más cariñosa, dócil y noble que había conocido jamás. Se llamaba Maya. Él la encontró cuando apenas tenía días de vida y la salvó. Al poco de estar juntos, decidimos introducir un nuevo gato en casa, ya que, al ser una gata tan buena, supusimos que no iba a ser para ella una gran molestia, sino todo lo contrario. Estábamos seguros de que disfrutaría mucho de tener un compañero. Y así llegó Blue, un gato gris atigrado, de ojos azules. La presentación fue genial y pronto se hicieron muy amigos, no podían vivir el uno sin el otro.

Pero ese gato tenía una peculiaridad, era tremendamente miedoso e inseguro, hasta el punto de que nunca se dejaba tocar. Yo, en mi inocencia e ignorancia, me frustré. Había puesto muchísimas esperanzas en ese gato, mucho cariño que no me estaba siendo devuelto.

Al pasar el tiempo y empezar mi formación reglada en etología clínica felina lo entendí. No se trataba de lo que ese gato me debiese a mí, sino de buscar su felicidad, que se convertiría, a su vez, en la mía. Fue entonces cuando comprendí la importancia de un gato feliz. Un gato feliz es un gato que te quiere y lo demuestra a su propia forma, afín a su carácter y al comportamiento típico de su especie, que no es la misma que empleamos los humanos para demostrar nuestro amor, habitualmente a través de besos y abrazos. Ellos, en cambio, suelen mostrar su cariño mediante su presencia, con un parpadeo lento, con un acercamiento con la cola en alto...

En ese punto, supe que tenía que compartir esto con todo el mundo, para que todos pudiéramos apreciar cómo expresa su cariño un gato feliz.

En este libro encontrarás las claves para que tu gato y tú disfrutéis de una vida tranquila, y daré respuesta a todas aquellas preguntas, dudas e inquietudes que todo dueño de gato ha tenido alguna vez. Además, te invitaré a la reflexión y formularé planteamientos que puede que nunca hayan pasado por tu mente y que, estoy segura, harán que la relación con tu gato sea mucho mejor.

¿Estás preparado?

La educación de un gatito

¿Se pueden evitar los problemas de comportamiento?

....

S í, sí, sí y mil veces sí.

Antes de empezar a abordar este asunto, hay algo que tiene que meterse en nuestras cabezas, pues es básico para llegar a entender a los gatos. Hay muchas situaciones que nosotros interpretamos como un problema de comportamiento, como que el gato se está portando mal o está haciendo una trastada, cuando lo cierto es que muchas de estas «fechorías» son realmente expresiones de necesidades básicas felinas.

Os pongo un ejemplo, sois muchísimos los que me escribís diciendo que vuestro gato se sube a todas partes: a la encimera de la cocina, a la mesa donde coméis, a las estanterías… Es completamente comprensible que, a veces, este comportamiento llegue a ser molesto, a todos nos gusta mantener nuestra casa limpia y, según cómo nos hayan criado, podemos pensar que es, cuanto menos, antihigiénico que un gato ande por la encimera.

Sin embargo, hay algo que debemos entender nosotros: una de las necesidades básicas de los gatos, tan básica como podría ser comer o beber, es subirse a sitios altos. Hay todo un capítulo dedicado a este tema, por lo que no voy a profundizar mucho en ello ahora, pero debemos saber que es una necesidad felina, y debemos atenderla como tal.

La clave está en encontrar un equilibrio en el que nosotros vivamos tranquilos y a gusto en nuestro hogar, y nuestro gato también. Cuanto antes comprendamos la importancia de estas necesidades, antes mejoraremos el vínculo con nuestro gato en pos de una relación sana, duradera y envidiable entre ambos. Para ello, es fundamental dejar de pensar que nuestro gato trata de fastidiarnos, y comenzar a entender cada uno de esos comportamientos. A lo largo de este libro, vamos a ir viendo cuáles de esas conductas, que nosotros *a priori* podríamos clasificar como problemáticas, son realmente necesidades básicas de nuestro gato.

En el tiempo que llevo formándome como especialista en comportamiento felino y compartiendo contenido en redes, son muchos, y de muy diversa índole, los problemas que me habéis comentado que tenéis con vuestros gatos. Los más frecuentes son gatos agresivos, orina fuera de la bandeja de arena, mala relación entre gatos, miedos a ruidos... El caso es que muchos de esos problemas podrían haberse evitado.

¿Cómo?

Con una adecuada socialización. Entre las dos y las nueve semanas de vida, los gatos se encuentran en su periodo sensible. Esta es una etapa en la que los gatitos no sienten miedo, y están completamente preparados para acostumbrarse a todos los elementos externos que se les pongan por delante.

¿Te das cuenta del poder de lo que acabo de decir?

Tenemos alrededor de 8 semanas para presentarle a ese gatito todos los estímulos que se podrá encontrar en su vida futura. Desde personas, perros u otros gatos hasta tormentas, obras, un trasportín o el coche. No hay límite en lo que se refiere a socializar y relacionarse con el entorno.

«Pero, Pilar, ¿qué tiene esto que ver con evitar los problemas de comportamiento?».

Pues realmente todo. Tenemos la capacidad durante esas semanas de acostumbrar a nuestro gato a ser manipulado por distintas personas: niños, adolescentes, adultos y ancianos. ¿Qué conseguimos con esto? Gatos completamente acostumbrados al ser humano y que no solo no le temen, sino que, probablemente, también disfrutan de su presencia.

Si, además, logramos que ese gatito tenga contacto frecuente con perros de varios tamaños (siempre con vigilancia, por supuesto), se habituará a ellos. ¿Qué beneficio obtenemos con este acercamiento? Gatos sin miedo alguno a los canes, por lo que si en un futuro queremos presentarles a uno, probablemente, nos sea mucho más fácil.

¿Te das cuenta ahora del poder de esta etapa? Una buena socialización del gatito es clave para su vida futura. Estos son solo algunos ejemplos, pero hay muchísimas cosas más que podemos hacer para evitarnos y evitar a nuestro gato futuros dolores de cabeza.

«¿Pero entonces, si los socializamos bien significa que nunca jamás van a tener un problema de comportamiento?».

Desgraciadamente, no. Hay una causa frecuente que puede llevar a un gato perfectamente socializado a tener un problema de comportamiento: la enfermedad. Aunque más que un problema de comportamiento, yo lo calificaría como una forma de avisarnos, una manera de expresar que hay algo que no está funcionando correctamente.

Los gatos, desde la antigüedad, son depredadores de muchos animales, como pequeños roedores e insectos, pero también han sido y son presa de otras muchas especies cazadoras. Además, son seres solitarios por naturaleza, ellos no tienen una manada en la que respaldarse, como los lobos, por ejemplo, ya que el león es el único felino que vive en manada.

¿Qué ocurre entonces? Que la única manera que encontraron los gatos de sobrevivir y de que un posible depredador no los viera como una presa fácil es esconder sus signos de enfermedad.

A un gato no le quedaba más remedio, si quería seguir viviendo, que mantener las formas y no mostrarse débil ante su adversario. Y este instinto y necesidad de supervivencia que desarrollaron sus antepasados ha permanecido presente hasta hoy en nuestros gatos domésticos actuales.

Esto, desgraciadamente, se ha traducido en algo que tanto a tutores como a veterinarios nos causa muchísimos dolores de cabeza, y es que los gatos no muestran signos de dolor o enfermedad.

Miento, claro que los muestran, pero de forma tan sutil, pero tan sutil, que hemos de andar muy atentos y observar con detenimiento a nuestro gato, pues es cuando están en fases muy avanzadas de enfermedad cuando comienzan a darnos las señales más evidentes. Y, entre esas sutilezas, están esos cambios de comportamiento que no se pueden evitar, los relacionados con enfermedades.

Para que os sea algo más fácil de reconocer, debéis empezar a sospechar que algo no va bien con vuestro gato en el momento en el que algo cambia en su rutina. Normalmente, al igual que las personas, los gatos tienen una rutina más o menos establecida. Todo cambio repentino (y continuado en el tiempo, no algo de un día) nos debe poner en alerta: dejar de comer o comer demasiado de repente, dormir mucho más que antes, cambios en su comportamiento hacia nosotros...

Para poder reconocer a tiempo estos cambios en la rutina, debemos tomarnos una molestia: la de conocer a nuestro gato. Aunque, en principio, esto es algo que todo tutor y amante felino hace de forma natural.

Antes de pensar que nuestro gato intenta fastidiarnos porque nos ha mordido cuando antes jamás lo había hecho, debemos buscar el porqué de esta agresión, poniéndonos en manos de un especialista. Esto no solo permitirá que encontremos la causa y tengamos la oportunidad de poner solución, que ya es importante, sino que nos beneficiará en relación con el vínculo que tenemos con nuestro gato. Hablo de agresión como podría hablar de cualquier otro cambio en su conducta, pero es uno de los problemas más visuales y que los tutores pueden confundir con mucha más frecuencia.

Cambia mucho nuestra percepción hacia los gatos cuando sabemos que ese comportamiento tenía un porqué, que nuestro gato nos intenta avisar de que algo no va bien, que lo hace a su manera, y que no era para fastidiarnos.

Además, hay un dato importante sobre los gatos que debemos tener en cuenta. Ellos viven en el presente, no se preocupan por lo que hicieron ayer y, ni mucho menos, piensan en el día de mañana. Por lo tanto, el mito tan extendido de que los gatos son calculadores y rencorosos… no es más que eso, un absurdo mito.

Ahora que ya sabemos que con una adecuada socialización y un cambio en la perspectiva desde la cual abordamos e interpretamos los problemas de conducta podemos hacer muchísimo más fácil no solo la vida de nuestro gato, sino la nuestra, vamos a profundizar un poco en los puntos más importantes.

Su madre y sus hermanos, ¡claves en la educación!

Antes de comenzar a hablar sobre cómo influye en la vida de un gato la convivencia con su madre y sus hermanos, me gustaría hacer un apunte. Y es que la forma de ser de cada gato empieza a definirse desde antes de nacer.

¡Sí, sí!, como lo oyes.

Cuando los gatitos están en el vientre materno, las vivencias de la madre repercuten en el carácter de esos gatitos. De esta manera, si la gata sufre momentos de estrés durante la gestación, los gatitos van a tener un umbral de estrés mucho más bajo.

Increíble, ¿verdad?

Pues sucede tal cual te lo cuento, los gatitos nacidos de gatas que han vivido momentos de tensión durante la gestación son animales que toleran mucho peor los cambios y las situaciones angustiantes.

Pero no solo eso, sino que las gatas que tienen carencias alimenticias durante la gestación paren crías con un menor desarrollo del sistema nervioso, que se puede traducir en gatitos con dificultad de aprendizaje.

¿Y por qué te cuento todo esto?

Porque si alguna vez vives la maravillosa experiencia de tener una gata preñada contigo, ten en cuenta algunos consejos que pueden ayudar mucho a que nada de lo que te acabo de contar suceda.

Para empezar, la futura mamá debe tener a su disposición una zona tranquila de la casa donde nadie la moleste, a ser posible con una cama mullida, para evitar una presión excesiva sobre los fetos y alejada de corrientes de aire.

Además, sería ideal que tuviera todos sus recursos (comedero, bebedero, arenero...) en la misma habitación, para que no se vea obligada a desplazarse demasiado si no lo desea. Dentro de esa zona tranquila de la que hablamos, sería adecuado que tuviera disponible un espacio de penumbra, muy necesaria para la regeneración de las neuronas durante el sueño (esto también se aplica a nosotros, los humanos).

Respecto a nuestra relación con ella, debemos darle la posibilidad de estar cerca de nosotros si le apetece. Para tal fin, podemos dejarle varias zonas de descanso a nuestro alrededor, pero también es importante respetar todos los momentos de soledad que ella decida tener.

Por último, debemos alejar a esa gata de perros o incluso de otros gatos que puedan suponer un estrés para ella. Es su momento, cuidemos de esa mami y respetemos sus necesidades.

Cuando un gatito nace, sus ojos y oídos están cerrados, por lo que los únicos sentidos que le permiten guiarse son el olfato y el tacto (sobre todo el calor que desprende su madre). Por eso, y como la naturaleza es sabia, las gatas que acaban de ser madres tienen una serie de glándulas entre sus mamas que secretan feromonas. Estas feromonas tienen una única función: mantener a sus crías unidas y siempre cerca de ella.

Además, algo extremadamente curioso es que, desde los primeros momentos de vida, cada gatito elige un pezón de su madre que será del que mame siempre, hasta el momento del destete.

Algo que la madre suele hacer con los gatitos recién nacidos es transportarlos. Seguro que habéis visto cómo la gata coge cuidadosamente por el pescuezo a cada una de sus crías para llevarlas a un lugar más seguro. Mientras, los gatitos, muy obedientes, permanecen inmóviles hasta que vuelven a posarse en el suelo. Pues bien, esta quietud es muy importante. Imaginad que esa madre ha decidido mover a sus crías porque hay un depredador cerca, los gatitos deben cooperar y hacer del transporte un momento fácil.

Sin embargo, cuando los gatos crecen, ese mismo gesto de agarrar por el pescuezo se convierte en algo completamente distinto. Y es que estos animales, cuando se pelean, tienden a morder el pescuezo del contrincante. Por lo tanto, hemos pasado de un gesto que relaja a gatitos jóvenes a una actitud que en adultos se asocia con pelea, miedo y con el estrés que les produce no poder moverse.

¿Pero por qué de repente hablo de gatos adultos?

Porque sé que hoy en día es una práctica frecuente coger a los gatos del pescuezo cuando necesitamos que se queden quietos. Y pocas cosas recomiendo menos. No lo hagáis, por favor. Hay otras muchas maneras de acostumbrar a un gato a permanecer inmóvil en momentos puntuales, pero el miedo y la retención a la fuerza nunca deben ser una opción.

Pero volvamos a los bebés.

Durante las dos primeras semanas de vida, los gatitos son completamente dependientes de su madre y no disponen de vista ni de oído. Es muy importante que durante estas dos primeras semanas de vida no manipulemos mucho a los gatitos, pues estos pasarán sus días ocupados en mamar y dormir.

Alrededor de la semana cuatro, la madre empieza a despegarse un poco del nido y, si estuviera en la naturaleza, volvería a cazar. De esta manera, comenzaría a traer presas al nido.

Pero las traería vivas, y es que es el momento en el que los gatitos deben empezar su aprendizaje, empezando por la caza.

Durante el segundo mes de vida los gatitos pueden ir empezando a probar el alimento sólido y viven un periodo de transición hasta las ocho semanas, en las que este pasa a ser su único alimento. Esta etapa junto a su madre y sus hermanos es crucial para su desarrollo.

Como te he comentado, la madre empieza a salir del nido, pero no solo eso, sino que también, para que el destete tenga lugar, ella empieza a rechazar a sus crías cuando estas intentan mamar.

Continuamos con el aprendizaje: ¿qué estarían aprendiendo ahora? Tolerancia a la frustración.

La manera en la que la madre los rechaza, entre otras, es colocándose en sitios altos a los que, en principio, los gatitos no pueden llegar, pero lo intentan, y aquí viene el tercer aprendizaje: la escalada. Las crías desarrollan sus habilidades locomotoras intentando alcanzar a su madre. Pero no es la única forma, ya que además empiezan a jugar con sus hermanos, lo que también les ayuda a adquirir esta tan necesaria destreza física.

El destete es un momento importante en la vida de los gatitos, y debemos procurar, siempre que sea posible, que sea la madre la que lo lidere. Es muy común observar, en gatos en los que el destete ha sido demasiado abrupto, comportamientos obsesivos que pueden durar toda la vida adulta.

Estoy completamente segura de que vas a reconocer este comportamiento en cuanto te hable de él pues, desgraciadamente, son muchos los gatitos que se destetan mucho antes de tiempo y de forma rápida.

Y es el hecho de morder o chupar lana mientras amasan. De hecho, todos los gatos que conozco lo hacen y no es más que el producto de un destete inadecuado. Aunque, una vez que nuestro gato adulto ya tiene adquirida esa costumbre, no debemos impedirle que lo haga, no hace daño a nadie y para ellos es una forma de relajarse.

Por otro lado, hay un aprendizaje muy importante que hacen las crías de su madre y hermanos, y que es imprescindible para una convivencia agradable con ese gato en el futuro. Y es saber cuándo parar de morder. Los gatitos juegan entre ellos a perseguirse, lanzarse uno contra otro y morderse. Si quitamos a esos gatitos la posibilidad de jugar con sus hermanos, no habrá nadie que le explique que no puede morder tan fuerte. Y, aunque esto pueda parecerte una tontería, se nota mucho. Es fácil saber cuándo un gato no ha tenido oportunidad de jugar con sus hermanos, pues es un gato que muerde sin control ni mesura, y eso puede llegar a ser un problema.

¿Has visto todas las cosas que le aportan su madre y sus hermanos durante las primeras semanas de vida? Importante, ¿verdad?

Es por eso por lo que, si estamos pensando en adoptar un gatito de una camada, hemos de tener en cuenta todo esto. Deja a un lado las prisas, ese gato te querrá igual un mes arriba o un mes abajo, pero deja que se críe con su familia hasta, por lo menos, las ocho semanas.

Y si tienes la oportunidad de adoptar dos hermanos, mejor que mejor.

Entonces, ¿un gato siempre debe tener un compañero? Depende. Lo hablamos en profundidad en el siguiente capítulo.

¿Un gato necesita otro gato para ser feliz?

Para introducir este tema es necesario que recordemos algo de lo que ya hemos hablado en capítulos anteriores, y es la naturaleza de los gatos.

El gato doméstico que todos conocemos, el que tenemos en casa, o el que vemos por nuestro vecindario, proviene directamente del gato salvaje africano. ¿Y cómo llegó un gato salvaje a ser nuestra mascota? ¿Lo domesticamos nosotros?

Pues no, realmente, cuando hablamos de domesticación en el gato, es más correcto utilizar el término «autodomesticación». Los gatos empezaron a acercarse a los humanos porque nosotros, de manera completamente involuntaria y fortuita, comenzamos a reunir a muchas de sus presas en un mismo lugar. Las presas de las que hablo son los ratones, y se encontraban en grandes cantidades en los almacenes de grano, y por tanto cerca de los humanos. Fue a partir de entonces cuando los gatos empezaron a considerar que merecía la pena acercarse a nosotros por esas cantidades de comida.

Pero no solo era interesante la proximidad a los humanos, sino también estrechar relaciones con otros gatos. De esta forma, animales que nunca habían comido juntos, empezaban a hacerlo. ¿Por qué? Porque había recursos suficientes para todos, y este es un concepto superimportante que quiero que se te quede en la cabeza, pues más tarde lo aplicaremos al presente.

«Pilar, si como hemos visto, los gatos son animales solitarios por naturaleza, que cazan presas pequeñas, por lo que no necesitan cooperar para atrapar un ratón, ¿es mejor tener un gato solo que dos?».

Ni sí, ni no. En veterinaria, como en etología y en cualquier ciencia, nunca podemos afirmar nada con rotundidad, todo depende del caso, pero hay algo que sí quiero que os quede claro.

En el título de este capítulo he incluido la palabra «necesita» a conciencia, no ha sido casualidad. Un gato, *a priori*, y lo reitero, *a priori*, no necesita a otro gato para ser feliz, pero vamos a matizar esto un poco.

En el capítulo anterior terminé diciéndoos que si tenéis la oportunidad de adoptar a dos hermanos juntos lo hagáis, entonces, ¿me estoy contradiciendo? Para nada.

Y es que como ya os he comentado, esto también depende del periodo de socialización, por lo que, si dos gatos pasan el comienzo de sus vidas juntos y no se separan, hay muchísimas posibilidades de que sean uña y carne y se hagan muchísima compañía durante toda su vida.

Y esto es curioso, ya que es fácil pensar que esto ocurre porque los gatos son hermanos, y lo cierto es que esto no es así. Un estudio se encargó de demostrar que el grado de afinidad entre dos gatos que no están emparentados y se crían juntos es el mismo que el de dos hermanos que se crían juntos.

Además, si permitimos que dos gatos pasen el periodo de socialización juntos y después los mantenemos unidos, es muy probable

que, en el futuro, si queremos introducir un tercer gato, nos resulte muchísimo más fácil, puesto que esos gatitos están habituados a convivir con otros compañeros de su especie.

Pero ahora quiero que os pongáis en otra situación. Imagina un gato que de pequeño fue separado de sus hermanos y de su madre, y se fue a una familia él solito. Una familia que le dio todo el amor del mundo y le cubre siempre todas sus necesidades.

Piensa ahora que esa familia quiere introducir otro gato. Te lo explicaré de una manera muy gráfica y creo que lo vas a entender perfectamente.

Imagina que vives con tus padres y un buen día llegas a casa y ves a alguien desconocido sentado en el sofá del salón. Vas a tus padres a preguntarles quién es esa persona y por qué está en vuestra casa y te dicen que no lo conoces, pero que a partir de ahora va a vivir con vosotros, para siempre.

Pero no solo eso, sino que te dicen que tiene que ser tu amigo. Tú, como poco, te quedas extrañado, ¿verdad?, e incluso puede que sientas hasta rechazo: «¿Quién es esta persona que de repente está en mi casa, usando mis cosas, sentándose en mi sofá? ¿Y encima tengo que ser su amigo? Pues a lo mejor no me da la gana».

Se entiende perfectamente, ¿verdad? ¿A que no tiene nada que ver la situación inicial, de dos hermanos, con esta que te cuento ahora?

Aunque siempre decimos que no se debe humanizar a los animales, creo que con este ejemplo se ha entendido perfectamente. Es por eso por lo que, antes de decidir si vamos a introducir un nuevo gato en casa, hay varias cosas que debemos tener en cuenta.

Para empezar, hay que pensar en nuestro gato y en esto que os vengo comentando. Debemos hacernos varias preguntas:

Durante el periodo de socialización, ¿mi gato ha tenido contacto con otros gatos? Y después, ¿ha vuelto a tener contacto con otros gatos? Si la respuesta es sí, ¿cómo fue este encuentro?, ¿fue positivo o por el contrario se sintió amenazado?

Además, debemos analizar la personalidad de nuestro gato: ¿es apegado?, ¿disfruta de la compañía?, ¿es cariñoso?

Si después de hacerte estas preguntas llegas a la conclusión de que tu gato es idóneo para tener un hermano, debes tener en cuenta otros factores.

Pregúntate, ¿tengo una habitación disponible en mi casa para que el gato nuevo pase sus primeros momentos?, ¿tengo espacio suficiente para repartir los recursos por toda la casa?, ¿me permite mi economía afrontar los gastos que supone otro gato?

Si la respuesta es sí, entonces puedes plantearte la opción de adoptar un segundo gato.

Eso sí, cuando lo decidas, ponte en manos de un especialista, yo misma te ofrezco mi ayuda, pues introducir un gato a otro gato es un proceso bastante delicado que nos será mucho más fácil si lo hacemos acompañados por un profesional.

Me gustaría volver ahora al concepto con el que antes te pedí que te quedaras. El hecho de que los gatos empezaran a juntarse por el hecho de que, por primera vez, había lugares con mucha comida a su disposición. Es así como funcionan, por ejemplo, las colonias felinas. Es posible que hayas pensado en ellas cuando te he dicho que los gatos son animales solitarios.

Las colonias felinas están formadas por hembras adultas con sus crías, no hay machos adultos y la principal razón que explica esta convivencia es la abundancia de comida. Además, las madres se ayudan mutuamente con la crianza de los gatitos, por lo que al final les supone una ventaja estar juntas.

Volviendo a los gatos domésticos, este concepto puede aplicarse a las casas multigato. Yo siempre se lo explico así a los tutores de gatos que cuentan con mi asesoramiento. La clave para que en una casa multigato reine la concordia es la abundancia de recursos.

Un gato que percibe que en su casa hay múltiples zonas para comer, beber, orinar y defecar, jugar, descansar... es un gato que no tiene ninguna necesidad de llevarse mal con su compañero. Y no solo es importante la abundancia de recursos, casi más lo es la distribución. Un gato debe tener la posibilidad de usar cada uno de los recursos sin tener que encontrarse necesariamente con su compañero. De esta manera, hemos de saber que estos recursos deben estar separados entre sí lo máximo posible. Como veis, la pregunta sobre si un gato está mejor con otro o no tiene una respuesta muy relativa, pero espero que con esta serie de ideas que os he transmitido tengáis la capacidad de decidir vosotros mismos. Pero recordad que no tenéis por qué hacer esto solos, para eso estamos los especialistas, para echaros una mano.

De todas formas, hay una idea clave de vital importancia en este tema, pues sois muchos los que me escribís preocupados. Un gato que tiene todas sus necesidades conductuales y fisiológicas cubiertas no necesita a otro gato en casa, puede ser igual de feliz aunque vosotros seáis su única compañía.

«Pero, Pilar, ¿cómo sé si mi gato tiene todas esas necesidades perfectamente cubiertas?».

No te preocupes, vamos a abordar todos y cada uno de esos requerimientos en los próximos capítulos, de manera que cuando termines el libro, no quede ningún aspecto sin cubrir.

Un verdadero amante de las caricias

Algo que trae de cabeza a muchos tutores de gato es el tema de las caricias. Todos los días alguien me pregunta qué puede hacer para que su gato se deje acariciar, ya que le encantaría darle cariño, pero parece que el gato no quiere.

Y no solo eso, incluso me han llegado a escribir personas muy angustiadas al pensar que estaban haciendo algo mal y que, por ello, su gato no dejaba que le acariciasen.

Pues veréis, que a un gato le gusten o no las caricias depende de varios factores. El primero es la genética, y en este sentido influye mucho más el padre que la madre de ese gato. Lo amigable que sea el padre va a determinar, en cierto modo, el carácter del hijo.

Pero hay un factor que repercute más, que es mucho más importante, y no solo eso, sino que también nosotros lo podemos controlar. Y es el manejo que hagamos nosotros de ese gatito durante el periodo de socialización, ¿te acuerdas? Hablamos de él en capítulos anteriores.

Es esa etapa de la vida del gatito que va de las dos a las nueve semanas, y que tiene el poder de moldear el carácter del animal. De esta manera, todas las experiencias que viva el gato relacionadas con ser acariciado y manipulado en esa etapa de su vida van a ser las que determinen su predisposición a los arrumacos. Hay un estudio que demuestra que si, desde la segunda semana de vida, manipulamos a los gatitos durante 40 minutos al día, cuando sean mayores no tendrán ningún problema con las caricias.

Obviamente, no te pido que pases 40 minutos seguidos manipulando a ese gatito, pero sí puedes repartirlo en varias sesiones de 10 o 15 minutos.

«Pero, Pilar, hace dos capítulos dijiste que los gatos deben estar con su madre por lo menos hasta las 8 semanas de vida».

Efectivamente, y este es uno de los mayores problemas de entre los que nos encontramos hoy en día. El periodo sensible del gatito coincide con el periodo en el que tiene que estar con su madre y, por tanto, no estará en casa contigo todavía. Por eso, desde aquí hago un llamamiento a todas las personas que tienen gatas sin castrar y preñadas o a criadores. Es vuestra labor hacer esta habituación a las caricias.

Hoy mismo, minutos antes de plasmar estas líneas, me escribía un chico diciéndome que su gatito nuevo de tres meses no solo no se deja tocar, sino que salta como un resorte si intentas acercarte a él. Yo, con todo el dolor de mi corazón, le he dicho que probablemente nadie haya manipulado a ese gatito, y que por desgracia nunca va a ser un gato al que le encanten las caricias.

No quiero ser pesada, pero ¿ves una vez más la importancia del periodo de socialización?

Esta manipulación desde pequeños de la que os hablo no solo es importante por las caricias. A todos nos encanta que nuestro gato se deje mimar, pero hay una razón de mayor peso para hacer esta habituación: las visitas al veterinario. Seguro que esto os suena a algunos, lleváis al gato al veterinario y cuesta dios y ayuda que pueda mirarle o hacerle cualquier prueba, y no solo eso, sino que pasáis un momento estresante el gato, el veterinario y tú.

Si desde que es muy pequeño acostumbramos a ese gato a levantarse del suelo, a que le pases la mano por todo el cuerpo, a que le mires las orejitas y la boca…, ese gato no va a tener ningún problema en que el día de mañana un veterinario haga lo mismo.

Y no solo debe manipularlo una persona, lo ideal sería que lo hicieran distintos tipos de personas: hombres, mujeres, niños, adolescentes, adultos y personas mayores. Aunque os pueda sonar a tontería, para un gato, al igual que para nosotros, no es para nada lo mismo un niño de 7 años que un adulto de 30. Mientras más personas diferentes le manipulen y acaricien durante su periodo sensible, más tolerante será de mayor a cualquier tipo de ser humano que quiera acercarse a ellos.

«Pilar, todo esto que me cuentas está muy bien, pero es que mi gato ya tiene más de nueve semanas y no me deja que le toque».

Lo entiendo, y hay muchos casos así. Aquí tenemos que hacernos varias preguntas: ¿para qué queremos que el gato se deje tocar?, ¿para esto del veterinario? Pues ya es tarde, porque por mucho que hagamos el ejercicio de «enseñar» a nuestro gato a que le gusten las caricias, al haberlo hecho mal desde el principio, es decir, al no haber manipulado a ese animal en su periodo sensible, ahora ya es complicado que cambie de actitud.

Nosotros, si nos ponemos manos a la obra, podemos llegar a conseguir que ese gato que no se dejaba poner una mano encima ahora tolere dos caricias. Pero solo las tolerará por parte de la persona que se lo ha enseñado, ante cualquier otro ser humano, se comportará como si no lo hubiera aprendido.

De esta manera, una vez que tenemos un gato adulto, y somos nosotros los que queremos que se deje tocar, tenemos que replantearnos un poco las cosas.

¿Para qué quieres tocarlo? ¿Crees que tu gato es menos feliz porque no le acaricie nadie?

Pues verás, aunque suene un poco duro esto que te voy a decir, un gato que no se deja tocar es un gato que no necesita para nada las caricias, y es completamente feliz sin que nadie le toque, porque es lo que ha aprendido desde pequeño. Por lo tanto, si quieres que el vínculo con tu gato no se resienta, deja que sea él el que inicie el contacto contigo y respeta sus límites. Aunque no voy a entrar ahora a hablar de los límites porque hay todo un capítulo más adelante dedicado a ello.

Este es trabajo nuestro, debemos dejar de pensar que nuestro gato no nos quiere porque no permite que le acariciemos, o que es un desagradecido, o que es «arisco». Tu gato no es nada de eso, tu gato hace lo que ha visto desde pequeño, como tú y como yo.

No obstante, es cierto que hay gatos que, aun habiendo sido manipulados desde bien pequeños, no llegan nunca a tolerar las caricias, pero, por fortuna, estos son una minoría.

En el veterinario, es el médico el que tiene que hacerse cargo de llevar a cabo un manejo respetuoso con el gato, aceptando sus tiempos y llevando a cabo técnicas de manipulación *cat-friendly*, así que por ese tema no te preocupes, tu única labor aquí es encontrar un veterinario que se preocupe por el bienestar de tu gato dentro de la clínica.

Es posible que muchos estéis pensando que vuestro problema empieza antes de llegar a la clínica, en el momento en el que tenéis que meter a vuestro gato en el trasportín, y lo entiendo, este es un problema muy extendido, por eso lo veremos a fondo en el siguiente capítulo.

Al veterinario sin estrés. ¡Se puede!

Hoy mismo he preguntado a mi audiencia en Instagram cuál era el mayor problema que tienen cuando van a llevar a su gato al veterinario. Por desgracia, son muchísimas personas las que me han dicho que el problema empieza en el momento en el que sacan el trasportín del armario, y ya ni hablamos de lo que supone el trayecto en coche si es necesario: maullidos, llantos e incluso deposiciones dentro del trasportín.

¿Te sientes identificado con esto de lo que te hablo? Si es así sigue leyendo, porque lo que voy a explicar te interesa.

Volviendo un poco a ese tema que considero tan importante, el periodo de socialización, debes saber que, una vez más, esta etapa de la vida del gato es crucial en lo que se refiere a su relación futura con trasportín, viajes y veterinario.

Por eso, querido lector, si lo que tienes en casa es un gatín de entre dos y nueve semanas, esto te interesa (si el tuyo está en otro rango de edad, no te preocupes, también hablaremos sobre ello).

Mi principal consejo sería: ¡APROVECHA! Y es que tienes el poder de hacer que tu gato jamás tenga ningún problema con el trasportín o con los viajes. Enséñale el trasportín, juega con él de manera que entre y salga de él. Una vez que esto esté controlado prueba a sacarlo al portal, siempre con alguna chuche de por medio. Cuando esto ya vaya bien, sácalo a la calle.

Pero sácalo mucho. Llévalo contigo a todas partes: a tomar algo, a dar un paseo… Es importante que conozca lo que es la calle, lo

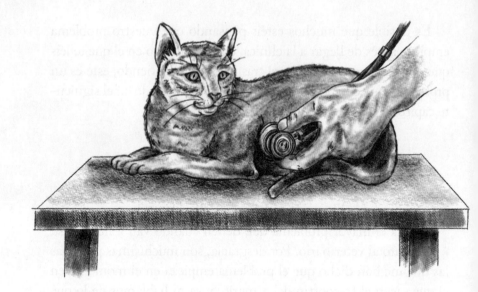

que son los coches, y que empiece a asociar el trasportín con un lugar seguro. Todo esto, aunque te lo digo muy a lo loco, siempre debemos hacerlo de forma controlada y combinándolo con *snacks*. Se trata de que tu gato en su mente haga esta asociación: «cuando estoy en la calle me dan chuches, entonces la calle mola» o «cuando estoy en el trasportín me dan chuches, entonces el trasportín mola…», y así.

«Genial, Pilar, muy buenos consejos para la gente que tiene gatitos bebés, pero ese no es mi caso, mi gato es adulto y lo pasa realmente mal cada vez que tenemos que ir al veterinario».

Entiendo, y yo misma lo he sufrido, pero con paciencia, dedicación y algo de tiempo, todo tiene solución.

Para empezar, debes saber que el trasportín de tu gato, en el que ha vivido momentos tan estresantes, está cargado de «feromonas de miedo».

Sí, tal cual lo lees. Los gatos, cuando tienen miedo, sueltan feromonas, al igual que en muchas otras ocasiones, y estas feromonas impregnan el trasportín entero. Es por eso por lo que, cuando tu gato entra en el trasportín, antes de darse cuenta de que vais al veterinario, ya empieza a maullar. Él lo único que sabe es que se ha metido en un sitio cargado de «olor a miedo», lo que le indica que la última vez que estuvo allí dentro lo pasó fatal, así que se pone en estado de alerta, pues algo malo le debe aguardar.

Todo esto te lo cuento porque lo primero que tenemos que hacer es eliminar ese «olor a miedo». Esto se hace de dos posibles maneras: la primera, comprando un trasportín nuevo, a ser posible que no se parezca en nada al antiguo, o bien lavando el que tenemos con un detergente enzimático, como, por ejemplo, oxígeno activo. El problema de esta última opción es que en trasportines blandos o de tela, las feromonas quedan muy impregnadas, y, a veces, ni con un buen lavado con el detergente apropiado se irán. Lo más cómodo es comprar uno nuevo.

Una vez que lo tengamos, hemos de evitar caer en un error muy común: tenerlo guardado en el armario hasta el momento de utilizarlo. Recuerda que, como te he explicado antes, la idea es que tu gato vea el trasportín como un lugar seguro por lo que, si no lo ha visto nunca y solo se relaciona con él en el momento del viaje, lo normal es que le tenga mucho miedo.

¿Qué hacemos entonces?

Lo primero de todo es dejarlo en un lugar bien a la vista, en un espacio en el que tu gato pase tiempo y en el que pueda olisquearlo con calma. Si el trasportín es de los desmontables, lo más recomendable es que le quites la parte de arriba y le pongas una manta que huela a tu gato. De esta manera, habremos improvisado una camita nueva. Consejo extra, si la pones un poco en altura es más fácil que tu gato se interese por ella.

Si el trasportín es blando o tipo mochila, simplemente colócala abierta.

Este sería el primer paso. Ahora debemos asociar ese trasportín camuflado de camita con cosas positivas. Puedes ponerle *snacks* dentro para que entre y los coma, puedes jugar con él cerca de manera que tenga que entrar y salir…

Pero ojo, esto debemos hacerlo sin presión, es decir, si tu gato quiere coger el *snack* y comerlo fuera, debemos respetarlo. Para esto es necesaria mucha paciencia, puede que al principio lo mire con sospecha y no quiera saber mucho sobre él, pero si nos empeñamos en dedicar cinco minutos al día a estos ejercicios, poco a poco lo mirará con otros ojos.

Una vez que esta fase esté superada, y que incluso nuestro gato se haya echado una siesta allí dentro, toca avanzar un paso más. Debemos poner ahora la parte de arriba, sin puerta, y repetir todos los ejercicios que os he comentado. Tu gato debe poder salir y entrar del trasportín a su antojo, recuerda, sin presiones y sin obligarle.

Cada gato tiene sus tiempos, para unos animales avanzar al siguiente paso puede ser cuestión de una semana y para otros de cuatro, respeta siempre la duración de sus fases de adaptación. Es un trabajo de fondo, pero merecerá la pena. En el momento en el que tu gato haya adquirido la costumbre de pasar tiempo dentro del trasportín toca presentarle la puerta.

Esto requiere de varios ejercicios; el primero consiste en dejarle oler la puerta, sin ponerla, en tu mano. Debemos primero observar cómo reacciona. Si se acerca curioso a oliscarla, sin esperar un instante, le daremos una chuche. De esta manera tu gato empezará a asociarla con cosas positivas. Si tu gato no quiere saber nada de la puerta al principio, no te preocupes, déjala a la vista y permite que la explore cuando quiera. Eso sí, estate pendiente, debes recompensarle si se acerca a olerla.

En el momento en el que hayamos superado esta fase, toca darle *snacks* a través de la puerta, aún con ella en la mano, sin ponerla en el trasportín. Puede sonarte raro, pero este ejercicio es importante.

Lo siguiente es poner la puerta y dejar que siga interactuando con el trasportín con ella puesta, hasta que la normalice. Para continuar con el proceso, debemos empezar a cerrar la puerta con el gato dentro y, seguidamente, ofrecerle una chuche a través de ella.

Una vez la coja y hayamos comprobado que permanece tranquilo, abriremos para que pueda salir, si quiere.

A partir de aquí, se trata de ir aumentando el tiempo que la puerta permanece cerrada. Eso sí, siempre abriendo antes de que nuestro gato empiece a ponerse nervioso. Una vez que hemos conseguido esto, el siguiente paso es levantar el trasportín con tu gato dentro. Esto se hará igual de lento que las fases anteriores. El primer día solo lo elevaremos un momento para volver a dejarlo en el suelo, y cada día aumentaremos un poco más el tiempo, incluso comenzaremos a desplazarlo por la casa.

Una vez que tu gato tenga esta fase superada, toca empezar con la etapa de salir de casa. El primer paso es ínfimo, de hecho, ni siquiera saldrás de casa. Simplemente, pondrás a tu gato dentro del trasportín con este cerrado a varios metros de la puerta, la abrirás, le darás una chuche, permitirás que huela un poco y la cerrarás.

Ahora quiero que te marques una rutina con este ejercicio, cada día un metro o dos más allá, siempre vigilando que tu gato no se ponga nervioso. De esta manera, al cabo de los días debes ser capaz de bajarlo casi a la puerta de la calle.

Una vez que hemos superado esto, toca el coche. Por lo que ya has leído, imagino que sabrás en qué consistirá el proceso. El primer día que únicamente lo vea, una chuche y de vuelta a casa. Poco a poco, debes ser capaz de ir metiéndolo en el coche, de manera que permanezca tranquilo, siempre asociándolo a *snacks*. Respecto al viaje en sí, debemos ser igual de cautelosos, arrancar el coche, darle un *snack* y pararlo debe ser el primer paso, y así hasta que tu gato sea capaz de dar alguna vuelta a la manzana.

Puede que al leer todo este proceso algunos de vosotros penséis: «A ver cómo lo hago, si a mi gato no le gusta ningún *snack*». Tranquilos, os tengo en cuenta. Cuando digo que le deis un *snack*, me refiero a que tu gato se lleve una recompensa, algo que le guste. Esto realmente no tiene por qué ser un *snack*, pueden ser mimos, juegos, una palabra amistosa o cualquier cosa que a tu gato le satisfaga.

Soy plenamente consciente de que esto ha sido bastante denso, no te preocupes, es normal, madúralo y reléelo las veces que necesites, y si aun así tienes dudas o prefieres hacer este proceso acompañada o acompañado, solo tienes que ponerte en contacto conmigo y estaré encantada de ayudarte. Como veis, este es un proceso lento y que requiere de mucha paciencia, pero el resultado es impresionante: no más llanto y no más tensión cuando toque salir de casa. Se acabó el estrés para tu gato... ¡Y PARA TI!

Respecto al momento de estar en el veterinario, desgraciadamente, esto no es algo que dependa de ti, sino de tu veterinario, por eso procura tomarte tu tiempo para encontrar una clínica en la que sean respetuosos con los gatos. ¡No queremos que se estropee el proceso, después de todo lo que hemos trabajado!

Puede que haya casos en los que nada de esto funcione, pues el gato le haya cogido un miedo tan tremendo al trasportín y a salir de casa que no pueda aprender a tolerarlo. En ese caso, es posible que necesite contar con la ayuda de algún medicamento. Para esto es imprescindible que contactes con un etólogo. Recuerda, ¡nunca automediques a tu gato!

Petardos, obras y otros ruidos...
¡Evita el miedo!

El oído de los gatos es tremendamente fino. No tanto como el de un perro, pero sí mucho más que el de una persona. De hecho, pueden llegar a escuchar ultrasonidos, como los que emiten los roedores. Además, sus orejas tienen 32 músculos, lo que los dota de la capacidad de moverlas a su gusto y así poder percibir mejor los sonidos.

Por todo esto, los gatos son muy sensibles a los ruidos y, a veces, podemos encontrarnos con problemas de miedos cuando escuchan sonidos muy fuertes. En España son muchas las fiestas en las que

se utilizan fuegos artificiales y esto puede suponer un momento de mucho miedo para nuestros gatos. Pero no hace falta esperar a estas fiestas, el sonido de una obra o incluso el mismo ruido del secador puede ser algo terrible para ellos.

En España, hay un amplio movimiento en contra de los fuegos artificiales por el daño que causan a las mascotas, pero en mi opinión, y en la de muchos expertos, somos nosotros los que debemos evitar que esto sea un problema para nuestro gato.

Porque sí, se puede evitar. Para empezar, voy a volver a dirigirme a todos aquellos que tengan un gato pequeño (redundo en el periodo de socialización, sí). Al igual que en otros capítulos os he hablado sobre cómo debemos habituarlos a otros elementos, en este abordaré cómo tratar el factor ruido.

Es fundamental que desde muy pequeños expongamos a nuestros gatos a todo tipo de sonidos. Y cuando digo todo tipo, es todo tipo. Piensa en todos los ruidos a los que se podría enfrentar un gato durante su vida: el secador de pelo, una batidora, la lavadora, la aspiradora, fuegos artificiales, obras...

Son muchísimos los estímulos auditivos con los que convivimos, y si lo hacemos bien, nuestro gato no tiene por qué tener miedo a ninguno de ellos. Para esto debemos hacer una exposición gradual y, como ya he indicado en otros capítulos, hemos de crear asociaciones a cosas positivas.

Si encendemos la batidora a 20 centímetros de nuestro gato a toda potencia vamos a conseguir el efecto contrario, pegará un brinco hasta el techo y aprenderá, en un segundo, que este ruidoso y pequeño electrodoméstico es algo que da mucho miedo, y, después, revertir eso es mucho más difícil.

Por eso es importante la exposición gradual. ¿Y cómo se hace esto?

Para seguir con el ejemplo de la batidora, podemos quedarnos con nuestro gato en una habitación, lo más alejada posible de la batidora y cerrar la puerta, entonces otra persona la pondrá en funcionamiento y el ruido que le llegará a nuestro gato será leve. Mientras suena, nosotros haremos que nuestro gato pase un buen rato, con *snacks*, juegos, caricias...

Se trata de que nuestro gato en su cabeza cree la siguiente asociación positiva: «cuando suena la batidora, pasan cosas *guays*, así que la batidora es *guay*». Se me entiende, ¿verdad?

Ahora el objetivo es que el gato pueda ir escuchando el ruido cada vez más fuerte y sin asustarse. Para conseguirlo, avanzaremos muy poco a poco y siempre a su ritmo. En esto, como en muchas otras cosas de la vida, las prisas no son buenas.

Debemos aplicar todo lo que acabamos de ver al resto de los sonidos. En lo que se refiere a fuegos artificiales, lo mejor que podemos hacer es cerrar las ventanas y persianas de casa, de manera que minimicemos al máximo el ruido y podamos hacer los ejercicios que ya os he comentado.

El objetivo final es que nuestro gato pueda hacer vida normal, aunque estén estos sonidos de por medio, de modo que debemos distraerlo durante la exposición a través del juego o la comida.

Igual de importante que los ejercicios es nuestra actitud con la que los afrontemos. Sí, como lo oyes. Aunque suene a locura, nosotros transmitimos nuestras emociones y nuestro estado de ánimo a nuestros gatos. Es por eso por lo que, cuando escuchemos un ruido fuerte o haya algún sonido inesperado, lo mejor que podemos hacer es actuar con indiferencia.

Piénsalo así, si nuestro gato nos ve alterados o nerviosos, pensará que algo malo está ocurriendo y ellos también se pondrán en alerta. Quien tenga hijos lo entenderá, pues funciona de manera muy parecida en los niños.

Para los gatos que ya tengan un problema acuciado de miedo a ruidos, la solución pasa por lo mismo. Debemos ir sometiendo al gato a ese estímulo sonoro al máximo volumen que le permita permanecer tranquilo, que al principio será un volumen muy bajo, mientras tratamos de crear asociaciones positivas. Sin embargo, hay situaciones que requieren la ayuda de un profesional, y es que hay veces que un sonido muy fuerte e inesperado puede causar agresividad hacia un miembro de la familia. Sí, tal cual te lo cuento, esto se llama agresividad redirigida, y se produce por la incapacidad que tiene el gato de enfrentarse a aquello que le ha producido miedo (como podría ser un ruido en la calle).

Esta incapacidad causa frustración que se libera atacando a lo primero que se le cruza en el camino, y puede ser un problema serio, pues se han llegado a producir casos de agresividad hacia bebés por estos motivos.

¿Ves una vez más la importancia de una correcta socialización?

Si crees que ya tienes este problema con tu gato y no encontráis solución, no dudes en ponerte en manos de un profesional, pues no es ninguna tontería. Es algo que debe atajarse, por el bienestar de tu gato y de toda la familia.

Adiestra a tu gato

S eguro que al leer el título de este capítulo has pensado: «¿Adiestra a tu gato?, ¿eso no es solo cosa de perros?» o «Los gatos van a lo suyo, es muy complicado adiestrarlos».

No te culpo, la sociedad nos ha inculcado una imagen sobre los gatos que nos hace pensar que su adiestramiento es imposible o que esto solo es para los perros.

Pues nada más lejos de la realidad. Adiestrar a nuestros gatos no solo es posible, sino que es muy deseable. El adiestramiento es una excelente manera de enriquecer la vida de nuestros gatos y de mantenerlos mentalmente fuertes. Además, es una magnífica forma de luchar contra el aburrimiento, que puede ser un problema con el que lidiemos día a día con nuestro gato.

El adiestramiento puede ser de mucha ayuda en ciertas situaciones clave, como, por ejemplo, la presentación entre dos gatos. Si tú tienes enseñado a tu gato a mirarte cuando dices «mira» o a venir cuando dices «ven», puedes usar esta comunicación para desviar su atención del nuevo gato en un momento de necesidad. Y es que el adiestramiento no solo es divertido, sino que puede ser realmente útil en según qué casos.

En este capítulo no voy a meterme a explicaros en profundidad el proceso de adiestramiento, pues da para un libro entero, pero sí quiero que tengas algunas nociones básicas que te permitan empezar a enseñarle varias cositas a tu gato.

Antes de mostrarte algunas de las órdenes que puedes practicar con tu gato, hay algunas claves que debes tener en cuenta para que la sesión de adiestramiento vaya bien y sea un ejercicio eficaz y satisfactorio.

Lo primero que debes hacer si quieres adiestrar a tu gato es conocerlo. Debes conocer qué es lo que le gusta y, por tanto, qué puedes usar como premio. Porque no, recompensar a un gato no se limita a darle su *snack* favorito, sino que va mucho más allá.

Algunos adoran las caricias, por lo que para este tipo de gatos una carantoña en la cabeza o rascarle un poco la barbilla puede ser la mejor de las recompensas. Hay otros gatos que valoran jugar con ciertos juguetes y para ellos eso será su premio.

¿Entiendes la importancia de conocer a nuestros gatos? Nos permite identificar la mejor manera de recompensarlos, aspecto sin el cual no puede darse el entrenamiento.

Otro factor muy importante, antes de empezar a adiestrar a nuestro gato, es la constancia. Intenta adquirir una rutina de entrenamiento, no tiene por qué ser todos los días, pero sí debería ser a la misma hora y varias veces a la semana, de esta manera, tu gato esperará con ilusión ese momento y estará completamente preparado.

Intenta que el momento que fijes para estos entrenamientos no sea después de que haya comido, pues probablemente el hecho de estar saciado haga que (en caso de que la recompensa sean *snacks*) tenga menos interés por el alimento que vayas a darle.

Además, intenta que la recompensa que uses le guste, pero no le vuelva loco. Se trata de que nos haga caso a nosotros, no de que esté tan centrado en el superpremio que tienes en la mano que no nos preste nada de atención.

Una de las órdenes más fáciles que puedes enseñarle a tu gato es «ven». Para enseñarle esto solo debes ponerte a cierta distancia y enseñarle un premio o algo con lo que tú sepas que tu gato se acercará a ti. Mientras tu gato se acerca dile la orden «ven», y cuando esté junto a ti usa una palabra de señal justo antes de darle su recompensa. Yo con Curry uso «muy bieeen», con la voz más ñoña que me sale.

Es muy importante que la palabra señal y la recompensa vayan inmediatamente después de que haya cumplido con lo que le hemos pedido, pues si distanciamos ambas cosas, tu gato no hará la asociación apropiada en su cabeza y es probable que se haga un lío.

Una vez que tengas esta orden dominada puedes probar a enseñarle a sentarse. Para esto solo debes ponerte frente a tu gato y pasar la recompensa por encima de su cabeza, de manera que para alcanzarla tenga que mirar hacia arriba y atrás, y, por consiguiente, se siente mientras le das la directriz «sienta» o «siéntate». Cuando esto suceda debes actuar igual que antes: palabra señal y recompensa, con la máxima inmediatez, para que lo asocie correctamente.

Estas son órdenes bastante sencillas, pero es importante que domine primero esto antes de enseñarle cosas más complicadas.

Procura no terminar la sesión cuando tu gato ya se haya aburrido y te haya dejado de prestar atención, sino cuando aún le quede algo de interés. Esto le hará llegar a la próxima sesión con la misma ilusión y no con el recuerdo de que en la anterior ocasión terminó hastiado.

Yo, por ejemplo, con Curry, uso la orden «sienta» para pesarlo. Primero, le enseñaba la báscula y le dejaba varias chuches encima, para que fuera relacionándolo con algo positivo. Después, con esa misma chuche intentaba que pasara por encima de la báscula, haciendo que siguiera mi mano. Lo siguiente fue incluir la orden «sienta», y cuando estaba bien cuadrado en la báscula y con sus cuatro patitas dentro, usaba la señal y le daba su recompensa.

Una vez que tu gato haya aprendido las órdenes y las realice sin dificultad, debes hacer algo para que siga manteniendo el interés. Me explico: si tu gato aprende que siempre que le digas «sienta» y él se siente obtendrá un premio, probablemente acabará perdiendo el interés. Es como ver la misma película día tras día, después de varios días ya sabemos lo que va a pasar y deja de ser divertido. Por eso, es mucho más interesante si tu gato se lleva recompensa algunas veces, pero otras no. En su cabeza resuena algo así como «uy, qué guay, ¿qué pasará esta vez?, ¿me dará premio o no?». Pero recuerda, esto solo debes hacerlo cuando la orden esté muy aprendida y afianzada.

Con esta información tienes más que suficiente para ir empezando a adiestrar a tu gato, y te animo a hacerlo, notarás cómo pasáis un rato superdivertido y estrecháis muchísimo vuestro vínculo.

Mi casa
y la de mi gato

Compartiendo un hogar

Desde que nos despertamos por la mañana y desayunamos hasta que por la noche decidimos que es hora de dormir, nuestro gato nos acompaña. Y no solo en sentido figurado, los gatos disfrutan realmente de nuestra compañía y de estar cerca de nosotros en todo momento. Cuántas veces estamos cocinando mientras nuestro gato nos observa subido a la encimera o estamos con el ordenador y él decide que el teclado es la mejor cama que puede encontrar.

No hay un mito más grande que ese que dice que los gatos son independientes. Como yo suelo decirles a algunas de las personas que tienen esta creencia: «Ten un gato y no volverás a ir al baño solo». Y es que esto es una realidad, pero solo las personas que convivimos con gatos lo sabemos.

Recuerdo la compañía que me hizo Flinchi durante la pandemia. ¿Flinchi?, te preguntarás… Flinchi es un gato que adoptamos una buena amiga y yo. Fue en 2019 y en ese momento vivíamos juntas.

Él es un gato mayor y muy tranquilo al que la vida no lo ha tratado muy bien. Lo cierto es que fue una gran compañía durante la pandemia para nosotras y, finalmente, cuando dejamos de vivir juntas, se fue con ella. Ellos tienen una gran conexión y se necesitaban el uno al otro. Y es que al final —aunque esto que voy a decir suene a tópico es rigurosamente cierto— los gatos nos eligen a nosotros, solo hay que observar el vínculo que tenemos con nuestro gato y cómo ellos escogen con quién prefieren pasar tiempo.

Como os comentaba al principio, nuestro gato nos acompaña en todos los momentos del día y compartimos un hogar con él. Por eso, es muy importante que adaptemos nuestra casa y nuestro modo de vida a nuestro gato, así como él ha de adaptarse a la vivienda en la que «le ha tocado vivir».

Para nuestro gato, su casa es su vida, ellos son animales muy territoriales y el ambiente en el que viven juega un papel imprescindible en su bienestar, podría decirse que es el pilar principal de su felicidad. Por ello, es imprescindible conocer las nociones básicas que nos permitan identificar las necesidades felinas y, por tanto, crear un ambiente adecuado a estas.

Pero esto no solo es esencial por su bienestar, sino también lo es por el tuyo. Ambos son importantes, pues si tú no estás bien, no tendrás las fuerzas, las ganas ni la motivación para que tu entorno lo esté. Mi objetivo en este libro es ayudarte a que tanto tú como tu gato seáis felices, por lo que el bienestar del tutor para mí es, al igual que el del gato, una prioridad.

Aunque esto de crear un ambiente adecuado y conocer sus necesidades pueda sonarte complicado, no te preocupes, en los próximos capítulos te daré las claves para crear un ambiente de armonía en casa para ti y para tu gato, de manera que tengáis una convivencia feliz y evitemos al máximo algunas sorpresas desagradables que puedan resentir vuestro vínculo.

¿Qué tan importante es
un buen ambiente?

Como ya os he comentado en el capítulo anterior, el hábitat de nuestro gato es un área fundamental de su vida. Los gatos son animales altamente territoriales que necesitan tenerlo todo controlado para poder disfrutar de una vida tranquila, ya que un mal ambiente está íntimamente ligado al estrés.

Como habrás podido comprobar, hago mucho hincapié en el hecho de que nuestro gato no se angustie o no viva en un entorno estresante. Pero ¿por qué es tan importante esto?

Hoy en día se sabe que, en el gato, muchos de los problemas de salud vienen por un estrés mantenido en el tiempo. Y no te equivoques, con estrés no me refiero a una mudanza o a la llegada de un nuevo compañero (que también lo es). Para el gato, el simple hecho de recibir caricias no deseadas a diario ya constituye un factor estresante. O, para el gato, vivir con personas que no son predecibles también supone un problema. ¿A qué me refiero con predecible? Bueno, tutores cuyas interacciones con sus gatos son esperables. Y es que es importante que nuestras conductas y actitudes sean algo que nuestro gato vea venir y que nuestro gato desee.

A veces esto es complicado, porque nosotros estamos llenos de amor hacia nuestros animales y queremos expresarlo en forma de besos, caricias, abrazos y achuchones, pero es posible que nuestro gato no lo sienta de la misma manera. Puede que una manifestación de amor para tu gato sea pasar la tarde cerca de ti, o un parpadeo lento cuando recibe unas palabras suaves por tu parte, pero de esto hablaremos más tarde.

Como ves, en lo que se refiere a tu gato, el ambiente es el hogar y las personas que viven en él. Un gato que vive en un entorno predecible, con abundancia de recursos bien situados y con un enriquecimiento ambiental adecuado es un gato que va a tener muchas menos probabilidades de enfermar, tanto física como psicológicamente. Y he de confesarte que los gatos, al igual que muchas personas, lo somatizan todo.

Puede que todo esto de crear un contexto adecuado o del enriquecimiento ambiental te suene un poco a chino, o, tal vez, pienses que es muy difícil o que hay que gastar mucho dinero, pero nada más lejos de la realidad. Para proporcionarle a un gato un entorno adecuado solo hace falta conocer sus necesidades, respetar su naturaleza y pasar algo de tiempo activando su mente, por ejemplo, con el adiestramiento del que ya hemos hablado.

Cada día se dirigen a mí varias personas a través de mi cuenta de Instagram preguntándome, por ejemplo, por un problema de eliminación inadecuada, es decir, por un problema de pis fuera del arenero. ¿Sabes cuál es la causa más común de este problema? Un ambiente inadecuado.

«Pero, Pilar, a ver, ¿qué tendrá que ver el ambiente con el pis fuera del arenero?».

Pues te lo explico de una forma sencilla para que lo entiendas. Es fácil que cometamos errores en lo que se refiere a las características de la bandeja de arena y su ubicación, y esto puede hacer que tu gato tenga alguna mala experiencia mientras usa el arenero. Si esto ocurre, tu gato, que es experto en relacionar dos sucesos que han ocurrido juntos, asociará que si usa esa bandeja ocurrirá, de nuevo, el evento desagradable y, por tanto, dejará de usarla.

¿Ves la relación? Pues esto ha sido solo un ejemplo, hay decenas de problemas de conducta que se asocian al estrés y al ambiente inadecuado.

¿Te das cuenta de la importancia ahora?

Y ya que os he dicho que el estrés es malo, me voy a contradecir un poco. El estrés también tiene una faceta positiva.

Tranquilos, no me he vuelto loca. Un poco de estrés es bueno. ¿Por qué?, porque activa la mente del gato, despierta su curiosidad y le incita a buscar una pequeña solución o a adaptarse a la nueva situación, y esto le permite trabajar y mejorar su resiliencia.

El estrés perjudicial es el mantenido en el tiempo, el que no cesa, el que hace estar al gato día tras día enfrentándose a situaciones incómodas, ese es el que debemos evitar.

¿Qué puede representar entonces un estrés beneficioso para nuestro gato?

Un día de limpieza general, por ejemplo, poner algo fuera de su sitio, introducir un mueble nuevo o una visita (respetuosa con la voluntad del gato). Estas pequeñas cosas pueden hacer que tu gato tenga una mayor capacidad de adaptación en el futuro a diferentes estímulos. Pero, ¡eh!, recuerda, todo cambio debe ser asociado a algo positivo: si se acerca a oler el mueble nuevo, debemos premiar inmediatamente, pues ha sido curioso y eso es muy deseable.

Pero además de todo esto, hay una manera de trabajar la resiliencia de tu gato y hacer que se acostumbre mucho mejor a todos los cambios y se estrese menos: la socialización.

«¡Qué pesada!, y daaale con la socialización!».

Pues sí, lo admito, ya la he mencionado tropecientas veces, pero es que es tan grande su importancia que para mi gusto la he mencionado poco.

Un gato que, desde pequeñito, y de manera respetuosa, ha sido acostumbrado a una gran variedad de estímulos (caricias, viajes, coche, trasportín, personas, perros, chequeos veterinarios...) es un gato que difícilmente se va a estresar por alguna de estas cosas. Así que ya sabes, potenciar su resiliencia desde pequeñitos es lo mejor que podemos hacer.

«Muy bien, Pilar, pero mi gato ya es mayor, ¿qué hago con él y con su ambiente?».

No te preocupes, en los capítulos que vienen a continuación vamos a ir viendo las partes más importantes del entorno de un gato y cómo crear el mejor hogar para él y para ti.

La bandeja de arena perfecta

En el ambiente de tu gato, es decir, en su casa (y en la tuya), el arenero es un elemento fundamental. Soy consciente de que este es un tema que puede generar confusión, pues hoy en día tenemos muchísimas opciones en el mercado para nuestros gatos.

Hay arenas compuestas de todo tipo de sustancias y de orígenes muy diversos, areneros abiertos, abiertos con bordes altos, cerrados con puerta, cerrados con abertura arriba... ¿Qué será lo mejor?

Para empezar, debemos saber que cada gato es un mundo, pues cada gato tiene sus preferencias. Pero, no solo eso, sino también sus propias circunstancias. Te pongo un ejemplo, imagina un gato que tiene algún tipo de problema en sus extremidades, como, por ejemplo, artrosis. Si a este gato le ponemos un arenero cerrado con una abertura arriba, probablemente pase un mal rato cada vez que quiera usarlo. Sin embargo, las consecuencias no acaban aquí, y es que como comentamos en el capítulo anterior, los gatos viven

constantemente haciendo asociaciones, tanto positivas como negativas, y si tu gato relaciona el arenero con una experiencia dolorosa, lo más probable es que tarde o temprano deje de usarlo y encuentres sorpresas desagradables en cualquier lugar de tu casa. De ahí la importancia de tener en cuenta las circunstancias de cada animal.

Como ya hemos visto cada gato es un mundo, y esto podemos comprobarlo en lo que se refiere al tipo de arena por el que cada uno siente predilección. Esta elección debe ser 100 % cosa de ellos, pero hay una base que debes saber para, a partir de ahí, darle a escoger.

Los gatos son animales con el olfato muy fino, por lo que debemos olvidarnos de las arenas perfumadas. Puede que penséis: «A ver, pero no seas exagerada, si tampoco huelen tanto». Recordad que el olfato de un gato es muchísimo más fino que el nuestro, de modo que si para nosotros huele un poco, y desde arriba, imagínate con el olfato de un gato y a nivel del suelo.

«Vale, Pilar, arena sin perfumar, pero entonces me va a oler toda la habitación muy mal».

Sí, lo entiendo, y para eso hay un pequeño truco que a mí me viene funcionando muy bien. Si mezclamos la arena con un poco de bicarbonato (un poco, no medio arenero), este absorberá buena parte de los olores.

El siguiente requisito que deben tener las arenas que ofrezcáis en elección a vuestro gato es que sean aglomerantes, cuanto más, mejor. En este tipo de arenas, el pis se puede recoger en forma de bolas, lo que permitirá que el resto de la arena se mantenga limpia durante mucho más tiempo.

Otro aspecto muy importante que tener en cuenta es el polvo. Todos hemos escuchado cómo los expertos advertían sobre el uso de polvo de talco en niños estos últimos años. Realmente, no hay que ser un nobel para darse cuenta. El polvo de talco, tan fino como es, entra por las vías respiratorias sin apenas esfuerzo, causando muchísimos problemas. Con la arena de nuestros gatos pasa exactamente igual. Recuerdo perfectamente una de las arenas que estuve probando estos últimos meses (sí, hasta hace poco he estado probando arenas distintas porque ninguna cumplía todos los requisitos) y el polvo que soltaba en cuanto la movías un poco para limpiar el arenero. También recuerdo los resoplidos de nariz que yo daba en cuanto terminaba de limpiarlo (os confieso que muchas veces lo hice con mascarilla). Fue cuando escuché resoplar a mi gato por la nariz cuando dije: «Hasta aquí».

Estos requisitos parecen fáciles de reunir en una arena, pero me ha sido más difícil de lo que pensáis encontrar la perfecta. Siempre que cumplan estas condiciones, el resto es elección de vuestro gato.

Lo mejor que podéis hacer para saber cuál es su preferida es poner dos o tres en distintos areneros, dejando que sea el gato el que decida cuál usa.

Respecto al tipo de arenero, también suele haber dudas entre tutores felinos. Sin duda alguna, el mejor es aquel que es abierto, tiene bordes bajos (o al menos uno de ellos) para que puedan entrar y mide al menos como un gato adulto y medio.

Después de deciros esto, me rebatiré un poco, puesto que el mejor arenero es aquel al que tu gato se acostumbre desde pequeño.

¡Eh, esperad! Que ya veo las antorchas viniendo a mi casa, esto tiene salvedades…

Como os dije antes, un arenero en el que el gato tenga dificultades para entrar, por mucho que se acostumbre a él, puede llegar un momento en el que le duela tanto alguna parte de su cuerpo que piense: «Mira, con lo mal que lo paso para entrar en mi arenero, prefiero hacerlo en cualquier rincón».

Por lo tanto, el mejor arenero es aquel al que tu gato se acostumbre, siempre que sepamos que nunca le va a suponer demasiado esfuerzo entrar, ni de viejete.

Esto lo digo porque existe mucha demonización con los areneros cerrados con puerta delantera. He escuchado cómo se recomendaba a tutores (cuyos gatos usaban sin ningún problema el arenero cerrado) cambiar a areneros abiertos.

Para rebatir esto desde mi propia experiencia, a Curry, desde pequeñito, le compré dos areneros, uno abierto y otro cerrado (ahora hablaremos del número de areneros necesario). Curry se acostumbró perfectamente a usar ambos y no tuve ningún problema.

«Vale, Pilar, pero solo un gato no es representativo». Lo sé, pero solo quiero ilustraros que pueden acostumbrarse bien también a este tipo de areneros.

¡Ojo! Hablo de los que son cerrados con puerta delantera o directamente sin puerta. Por favor, os pido que no uséis estos areneros con la abertura arriba, que poco más y le pedís a vuestro gato una licenciatura para hacer un pis.

Sobre el tipo de arenero del que os hablo, el de puerta delantera, muchos me han respondido que si está sucio, el gato no querrá meterse. Y con razón, yo tampoco lo haría, pero yo presupongo que la higiene del arenero la llevamos por bandera, o quiero presuponer.

Sí que hay un caso en el que no recomiendo el arenero cerrado, y es en una situación de conflicto entre gatos, pues puede convertirse en el lugar perfecto para que un gato acorrale a otro, y no debemos permitirlo.

¿Es posible que el arenero abierto sea al final la mejor opción? Sí. ¿Que los areneros cerrados son todos demoniacos? No.

Lo que quiero que tengáis claro son las salvedades de las que hablo, y que no por usar un arenero cerrado (ya sabéis, con puerta delantera o directamente sin puerta) sois unos malos tutores.

Respecto al número de areneros, la regla general —y que debemos intentar cumplir siempre— es tener un arenero más del número de gatos que tengamos.

«Pilar, tengo cinco gatos, ¿cómo voy a meter seis areneros en casa?».

Lo entiendo, en estos casos no hace falta ser tan estrictos, pero debemos tener al menos un arenero por gato o por grupo de gatos que se llevan bien.

Algo que es crucial tener en cuenta, más incluso que el número de areneros, es la localización de los mismos. Para empezar, debemos saber que si tenemos tres areneros y mantenemos los tres en la misma habitación, realmente no tenemos tres areneros, sino uno.

No se trata tanto del número de bandejas de arena, sino del número de zonas de baño que haya en casa para tus gatos. Por eso, los areneros (hablo en plural porque para cumplir la regla que te he contado, como mínimo vamos a tener dos) deben estar en zonas diferentes de la casa. En casas multigato esto adquiere una relevancia superior. Como ya os he contado, los gatos no son animales sociales, por lo que lo mejor es que puedan ir al arenero sin encontrarse con su compañero que también quiere usarlo. Debemos darles opciones y separadas unas de otras, para que puedan tener su intimidad.

Hablando de la localización, ¿cuál es el mejor lugar para poner el arenero?

Pues bien, esto es superimportante. El momento arenero es muy íntimo para tu gato, al igual que el momento baño lo es para nosotros. Por eso, el arenero debe estar en un lugar tranquilo, que no sea de paso, sin ruidos fuertes.

¿Recuerdas lo de las asociaciones? Basta un ruido más fuerte de la cuenta cerca de tu gato mientras usa el arenero para que haga la asociación: arenero = susto y miedo.

Al lado de la lavadora, en un pasillo, en una habitación muy concurrida… Todos esos son lugares donde nunca debe ir un arenero. Elige mejor zonas tranquilas, apartadas y donde sepas que tu gato va a estar siempre en calma.

«¿Y qué tal si adiestro a mi gato para que haga sus necesidades en el váter?».

Mi recomendación es que esto no se te pase ni un momento por la cabeza, y te explico por qué:

Dentro de la conducta de eliminación, es decir, del proceso que realiza tu gato cada vez que va al arenero, hay varias fases. Primero, al llegar al arenero tu gato cava un pequeño agujero, después olfatea un poco y gira sobre sí mismo; a continuación, orina o defeca; y acto seguido tapa las deposiciones con más arena. Cuéntame cuántas de las fases de la conducta natural de eliminación puede hacer tu gato si le acostumbramos a hacer pis en el váter. Te lo digo yo, únicamente una.

Todo aquello que altere las conductas naturales de los gatos es causa de estrés.

Esto no acaba aquí, imagina que tu gato, Dios no lo quiera, tiene alguna lesión y no puede subir o bajar de los sitios. Si tu gato siente dolor al subir o bajar del váter, probablemente deje de usarlo y tengamos un problema de pis o caca fuera del arenero.

De hecho, no hace falta que tenga una lesión, los gatos mayores, debido a una degeneración de sus articulaciones, suelen tener problemas para ascender a sitios donde antes subían sin problemas.

Ponte a enseñarle a un gato de 11 años a usar el arenero, créeme que no quieres. Pero aguarda un poco más, sigue sin acabar aquí el asunto. El momento de limpieza del arenero nos da muchísima información acerca de la salud de nuestro gato. Aprovecha cada vez que recojas sus deposiciones para observarlas y controlar que todo esté correcto.

Si tu gato hace sus cosas en el váter, ¿cómo se supone que vas a controlar si sus deposiciones son normales?

Ojo, como todo en la vida, esto no es blanco o negro, hay una escala de grises. Sé de gatos que, por voluntad propia, más bien por imitación a sus dueños diría yo, hacen sus deposiciones en el váter, sin que nadie se lo haya enseñado.

Si esto es así no se lo impidas, es como él ha decidido hacerlo, pero procura que igualmente tenga siempre un arenero a su disposición.

Con todo esto ya tienes información de sobra para elegir el mejor arenero para tu gato, y, si no es así, siempre puedes preguntarme, estaré encantada de asesorarte personalmente.

¿Tu gato rasca donde no debe?

Estoy prácticamente segura de que un gran porcentaje de las personas que lean la pregunta del título van a responder sí. Pondría la mano en el fuego. Y es que el rascado es una de las necesidades felinas más importantes, y se va a desarrollar haya o no haya un lugar adecuado para hacerlo en casa.

El rascado en los gatos tiene varias funciones. Para empezar, y como seguro que muchos habéis observado (y si no lo habéis hecho os invito a ello), los gatos arañan alguna superficie cuando se despiertan de una siesta. Y es que este comportamiento y el de descanso van unidos, ya que rascar les permite estirar todo el cuerpo, y, más concretamente, la musculatura y las articulaciones.

Otra de las funciones del rascado es el mantenimiento de las uñas. Aunque a los gatos de casa ya no les haga falta porque tienen comida a su disposición, el instinto de caza permanece, y no es algo que podamos evitar, ni tampoco debemos intentarlo. Por tanto, ellos tienden a tratar de mantener sus uñas en perfecto estado, pues nunca se sabe cuándo puede aparecer la oportunidad de cazar.

Además, los gatos rascan para marcar. Ellos, entre los dedos de sus patas, tienen glándulas que secretan feromonas. Estas se llaman feromonas interdigitales y les sirven para marcar su territorio y hacerlo suyo, por lo que es una parte imprescindible de la comunicación de estos fascinantes animales.

«Genial la teoría, Pilar, pero mi gato me tiene el sofá destrozado y su rascador apenas lo mira».

Esto es muy común y hay algunas cosas que debemos tener en cuenta si queremos que nuestros muebles sigan de una pieza. Y no sé cómo lo vives tú, pero tirar el dinero en rascadores que nuestro gato no va a usar no es de mis *hobbies* preferidos.

El rascador debe reunir una serie de características si queremos que nuestro gato se interese por él y le dé uso.

Para empezar, debe ser alto, os he comentado que los gatos rascan para estirarse, ¿verdad? Pues un gato pequeño, a lo mejor, pero un gato adulto observa el palo de 30 cm que le habéis comprado con toda vuestra ilusión, luego os mira a vosotros y piensa: «¿En serio?».

Pero ya poniéndonos serios, tu gato debe poder estirarse completamente, cómprale un rascador alto, si llega hasta el techo, mejor. De verdad, no es broma.

Pero de nada sirve un rascador hasta el techo si, cuando el gato se sube, aquello tiembla más que un paso de Semana Santa. Los rascadores deben ser estables. Pensadlo así, ¿tú te subirías a una estructura que se tambalea en cuanto le pones un pie encima? Pues tu gato tampoco. Hay un truco genial para asegurarnos de que será estable y es mirando la base, cuanto más ancha sea esta, más estable será el rascador.

Una muy buena opción son los árboles rascadores con múltiples plataformas, palos rascadores y zonas de descanso, porque así, además del rascado, propiciamos el ejercicio físico y el juego. Sin duda, los árboles rascadores son algo que nunca debería faltar en una casa con gatos.

Por otra parte, existen rascadores horizontales; estos son muy útiles también y muchos gatos los prefieren. Lo mejor es darle múltiples opciones y que elija la que más le guste… En esto, como en muchas otras cosas, cada gato es un mundo.

«Todo esto está muy bien, Pilar, pero ¿cómo hago para que mi gato deje el sofá y use el rascador?».

Bueno, para conseguir esto debéis entender algo, vuestro gato va a rascar donde haya feromonas interdigitales. Lo que debemos conseguir es que estas feromonas dejen de estar en el sofá y empiecen a estar en los rascadores.

También debes saber que el lugar donde tu gato rasca lo elige él, no es donde tú le pongas el rascador. Así que teniendo esto en cuenta, observa dónde rasca y coloca ahí los rascadores.

Para conseguir que tu gato clave las uñas en el rascador y, por tanto, empiece a dejar sus feromonas interdigitales en él, debemos atraerlo a esa zona con un juguete. Consigue una caña con algunas plumas en el extremo de la cuerda y pásala por los palos del rascador, en algún momento tu gato clavará una uña y se dará cuenta del lugar tan estupendo para rascar que es ese, y de paso va dejando algunas feromonas. Esto debe repetirse a diario (y varias veces) porque las feromonas se volatilizan y hace falta una gran cantidad de ellas para convertir el rascador en el lugar definitivo.

Cuando ya llevemos un tiempo con este ejercicio debemos hacer que el sofá deje de ser tan atractivo, y para eso debemos eliminar las feromonas de él. Aunque ya sabéis que estas son complicadas de quitar, y debemos usar un detergente especial llamado oxígeno activo, en Mercadona lo encontráis. Ahora bien, frotad con ganas, las feromonas se agarran a la tela muy bien.

Otra cosa interesante que os puede ayudar es saber que los gatos no rascan donde hay feromonas faciales, por lo que después de limpiar el sofá podéis rociarlo con el espray de Feliway® (que son feromonas faciales). También puede servir poner momentáneamente láminas de plástico pegadas al sofá, esto hará que la textura deje de gustarles y además dejarán de percibir los restos de feromonas interdigitales.

Poco a poco y con estos consejos, vuestro gato irá usando los rascadores y dejará vuestro mobiliario tranquilo. Intentad no limitaros a un árbol rascador grande, los gatos necesitan rascar a lo largo de todo su territorio. Os animo a meteros en Amazon y poner en el buscador cosas como «rascador esquina gato» o «rascador sofá gatos». Os sorprenderá la cantidad de rascadores distintos que hay en el mercado.

Ya os digo, no os limitéis a uno, vuestro gato os agradecerá todos y cada uno de los que pongáis.

Comer y beber como un rey

Para un gato, según sus instintos, comer es una recompensa por haber completado con éxito una sesión de caza. Esto es algo que debemos tener en cuenta, porque la hora de la comida puede llegar a ser muy aburrida para un gato doméstico.

Piensa que un gato, en su vida salvaje, realiza muchas sesiones de caza al día. Ellos no cazan cuando tienen hambre, pues no tendrían la energía necesaria que requiere el proceso. Ellos cazan cuando se les presenta la oportunidad, y la recompensa de todo el esfuerzo es un rico bocado.

Los gatos que tenemos en casa, en lo que se refiere a instintos, no se diferencian en apenas nada de esos gatos de la naturaleza de los que te he hablado, por lo que debemos procurar que el momento de comer no sea monótono.

Para ser sinceros, para tu gato, ir al comedero y comer cuatro bolitas de pienso simplemente cogiéndolas del cuenco no tiene ninguna gracia, no ha tenido que esforzarse por conseguirlas, no ha activado su mente ni sus músculos, ni se trata de una merecida y grata recompensa tras su esfuerzo.

Por eso, debemos hacer que, para conseguir su comida (ya sea pienso o alimento natural) tengan que esforzarse un poco. Hoy en día hay muchas maneras de hacerlo, desde las más baratas y ocurrentes hasta todo tipo de juguetes disponibles en el mercado y diseñados para esto.

Una manera muy divertida y completamente gratuita de enriquecer su ambiente con respecto a la comida es esconder pequeños trozos de *snacks* por la casa. Primero algunos a la vista y, a medida que vaya encontrándolos, podemos ir poniéndoselo más difícil. Esto puede ser un juego muy estimulante para ellos, pues, al ir moviéndose por casa, les llegará el olor de estos *snacks* escondidos y será todo un reto encontrarlos. Esto, además, podemos aprovecharlo para momentos en los que sepamos que el gato se va a

quedar solo en casa. Antes de irte esconde algunos *snacks* y tu gato se mantendrá entretenido intentando encontrarlos.

Algo que también puedes hacer, y que probablemente le resulte muy divertido a tu gato, es tirarle bolitas de pienso (o algún *snack* si no come este tipo de comida) y que tenga que ir a por ellas. ¿Qué gato no va a por una bolita de papel de aluminio cuando se la tiras? Pues con las bolitas de pienso puede ocurrir igual, el ruido de la bolita por el suelo les atrae y hace que corran a atraparla.

Otra buena manera es coger una botella de plástico y hacerle algunos agujeros por donde quepan las bolitas de pienso, después rellénala hasta la mitad y deja que vaya dándole toquecitos para que salgan. Si crees que su pienso no le motivará lo suficiente como para intentar sacarlo, puedes meter también algunos *snacks* que le gusten mucho, el olor le atraerá y puede que le anime a intentar extraerlos.

Si no eres muy de manualidades y prefieres comprar este tipo de juguetes ya hechos, una vez más en Amazon tienes multitud de ellos, solo tienes que poner «rompecabezas de comida para gatos» y encontrarás muchísimas opciones.

Recuerda que activar su mente de esta manera es muy beneficioso para tu gato, pues le permitirá llegar a la vejez con menos dificultades tanto físicas como mentales, como también ocurre en las personas.

Este tipo de juguetes debe usarse con cuidado, el primero que le presentemos no debe ser extremadamente difícil de usar y debemos observar cómo se comporta. Hay gatos que se frustran con mucha facilidad, por lo que para ellos puede ser algo desquiciante. Observa a tu gato, preséntale alguna de estas opciones y decide en consecuencia.

Respecto a la conducta de beber, hay algo imprescindible que tenemos que saber. Como os conté al principio del libro, el gato doméstico proviene del gato salvaje africano. Por la zona de la que proviene, y por la poca disponibilidad de agua que la caracteriza, los gatos tienen el umbral de la sed muy alto, beber agua no es su fuerte.

Pero esto no significa que no la necesiten, que tu gato se mantenga hidratado es imprescindible para el correcto funcionamiento de sus riñones, y para evitar problemas urinarios, que por desgracia son bastante frecuentes.

¿Cómo se estimula a un gato a beber agua? Pues hay varias maneras.

Para empezar, seguro que has visto a tu gato muchas veces interesarse por el chorrito de agua del lavabo, o incluso sueles abrirle el grifo para que beba de él. La realidad es que los gatos suelen preferir el agua corriente a la estancada, su instinto les dice que en el agua estancada proliferan microorganismos y que la corriente estará mucho más limpia. Si lo piensas detenidamente, esto tiene todo el sentido del mundo.

Por ello siempre es una buena idea ofrecerle a tu gato una fuente de agua. Hay muchísimas en el mercado y de todos los precios. Personalmente, puedo afirmar que Curry, desde que tiene su fuente, bebe el doble de agua todos los días.

Asimismo, es importante procurar que esta agua esté limpia y fresca cada día, a todos nos gusta beber agua clara y recién salida del grifo, ¿verdad? A tu gato también.

Otra manera de favorecer esta ingesta de agua es la comida húmeda. Como su propio nombre indica, esta lleva una buena cantidad de agua, por lo que además de ser nutritiva y sabrosa, hidrata a nuestro gato. Eso sí, procura que la comida húmeda sea de calidad, con ingredientes naturales y los mínimos aditivos posibles. Si necesitas recomendaciones de alguna marca en particular, puedes escribirme por Instagram o correo electrónico y estaré encantada de ayudarte.

Algo muy importante que debemos saber sobre la conducta de comer y beber es que, cuando esta se altera, es un signo inequívoco de que algo no va bien. Presta atención si tu gato deja de comer, o, por el contrario, come mucho más de lo habitual. También debes estar atento al agua, un aumento significativo en su ingesta no es un buen indicativo. Todo esto son señales de que algo no va bien, y no debemos esperar para actuar.

Es tremendamente peligroso que un gato pase más de 24 horas sin alimentarse, así que no infravalores este problema y acude a tu veterinario lo antes posible.

En qué zonas de la casa colocar comederos y bebederos o fuentes no es un tema baladí: lo más importante que debes saber es que no deben ir juntos. Si colocas el bebedero al lado del comedero tu gato sacará la siguiente conclusión: «El agua tan cerca de la comida no puede estar limpia, seguro que se ha contaminado al estar tan próxima, por mi seguridad no beberé».

¿Veis qué detalle? Parece una tontería, pero tiene muchísima importancia. Procura que haya al menos medio metro (si puedes más) entre comedero y bebedero.

Además, intenta que comedero y bebedero no estén junto al arenero, a nadie le parece agradable comer en el baño. Estos dos recursos deben estar en zonas tranquilas en las que tu gato pueda estar sabiendo que nadie va a molestarle.

Hacer la conducta de alimentación de tu gato más divertida y enriquecedora no es complicado y para ellos es altamente beneficioso. ¿Qué?, ¿te animas a seguir estos consejos?

El juego, ¡tan divertido como seguro!

Jugar con nuestro gato es uno de los momentos más divertidos del día, o al menos así es como yo lo veo. La conducta de juego en el gato se basa en reproducir la secuencia de caza. Tu gato acecha algo que le parece una posible presa, se lanza a cazarlo y termina intentando «acabar con la presa» mediante mordiscos y patadas de conejo.

La realidad es que jugar con tu gato trae múltiples beneficios, tanto para ti como para él. Mediante el juego promovemos la actividad física y mental, disminuimos el estrés y le ayudamos a descansar mejor.

Hace un tiempo leí un pequeño estudio sobre el juego en gatos. Este analizaba sus niveles de oxitocina (conocida como la hormona del amor) antes y después de una sesión de juego y concluía que estos aumentaban un 12 % tras una sesión de juego. Para compararlo con los humanos, lo equiparaba al aumento de oxitocina que nuestro organismo experimenta cuando saludamos a un amigo.

Este estudio me pareció precioso y, aunque pueda ser un poco obvio, siempre es interesante conocer estos datos, pues te ayudan a comprender mejor las cosas y no solo a creerlo porque lo dijo fulanito.

Las sesiones de juego con vuestros gatos deberían ser diarias. Sé perfectamente que muchos de vosotros lleváis un ritmo de vida que no os permite dedicar mucho tiempo a esto, pero de verdad, hagamos el esfuerzo, como te explicaré a continuación, no te llevará demasiado tiempo.

Las sesiones ideales de juego con vuestros gatos no deberían durar más de 10 minutos. Lo ideal sería conseguir unas 3-5 sesiones de juego al día, en un descanso del teletrabajo, o mientras hierve el agua de la pasta, podemos sacar un ratito, y tu gato te lo agradecerá.

Pero hay unas cuantas cosas que debemos tener muy claras respecto al juego. Algunas son conductas que, no sé muy bien por qué, nos salen a todos innatas, pero que debemos intentar controlar, por nuestro bien y por el de nuestro gato.

Un ejemplo concreto sería el hecho de jugar con las manos o con los pies. Cualquier parte de nuestro cuerpo está totalmente contraindicada para jugar con nuestro gato. Y no es porque yo sea muy tiquismiquis y me guste prohibir cosas, sino porque es realmente peligroso.

«Anda, hombre, no será para tanto».

Estoy segura de que este ha sido el pensamiento de muchos de vosotros al leer esto, pero me explico.

Como os he contado, mediante el juego, nuestro gato reproduce la secuencia de caza. Por esa regla de tres, cualquier cosa que usemos para jugar, nuestro gato la verá como una presa.

¿Queréis que vuestro gato piense que vuestra mano/pie es una presa a la que debe dar caza siempre que se le ponga delante? Pues esto es lo que conseguiremos si nos acostumbramos a usar partes de nuestro cuerpo para jugar.

Diariamente —y no exagero—, me escriben familias desesperadas porque su gato se lanza a morder (y fuerte) sus manos o sus pies, que cómo pueden parar este comportamiento, que están angustiados. Y como para no estarlo.

No poder andar tranquilamente por tu casa porque tu gato se lanza a morderte o estar tan tranquilo en el sofá y que tu gato te ataque no debe ser nada agradable. Esto ocurre porque al haber enseñado a tu gato que tu cuerpo es algo con lo que jugar, cuando a él le apetezca divertirse se lanzará a morderte. Si unimos esto a gatos que no saben controlar la fuerza con la que muerden porque no pasaron el tiempo suficiente con sus hermanos de pequeños, el resultado es la llamada «agresividad por juego».

Se pone seria la cosa, ¿verdad? Pues démosle a este tema la importancia que tiene.

Las manos y los pies siempre bien lejos de las garras y dientes de tu gato. Es superimportante que, desde muy pequeños, les enseñemos a jugar correctamente, y para eso las cañas de las que cuelga algo mediante cuerda son perfectas.

Este tipo de juguete es magnífico para entretener a tu gato y hacer que se pegue algunas carreras, manteniendo nuestro cuerpo fuera de su rango de ataque.

Con este tema fui muy tajante desde el primer día que llegó Curry a casa, las manos guardadas y si nos las muerde, siempre retirarlas a tiempo. Incluso con las visitas, al principio era algo que me daba cosa decir, pero al ver que todo el que entraba en casa tenía como primer reflejo el mover las manos para llamar la atención de mi gato, empezaba a temblarme un ojo.

Mi salud y la de mi gato van primero, así que decidí, con mucha educación, pedirles que no jugaran así con él, les acercaba un juguete y les explicaba los motivos. Te invito a hacer lo mismo, si se hace con educación y tacto, nadie tiene por qué tomarlo mal. Y también te digo, si lo toman mal no es tu problema, es tu casa y la de tu gato, y son tus normas.

Otro tipo de juego que no termina de convencerme es el «pilla pilla». Muchos me habéis contado que soléis jugar así con vuestro gato. Pero hay varias razones por las que ese tipo de juego no es santo de mi devoción. Por un lado, si lo pensamos detenidamente, la parte del juego en la que el gato os persigue a vosotros, si nos ponemos puristas, es como si usaras todo tu cuerpo como juguete, al final te está acechando y persiguiendo, por lo que volvemos a la misma historia que acabo de contar.

Por otro lado, la parte en la que nosotros perseguimos a nuestro gato tampoco me convence. Y es que al final, nosotros somos bichos 30 veces más grandes corriendo detrás de ellos. Si lo pensamos desde la perspectiva del gato, da un poco de miedo, ¿no?

De hecho, y no os voy a mentir, este es un juego que he probado alguna vez con Curry, y las veces que me tocaba a mí perseguirle, su respuesta fue erizarse y echar las orejas hacia atrás. Totalmente comprensible. Si un gigante de 300 kilos viene corriendo detrás de mí, me resultaría de todo menos divertido.

Otra forma de juego, que todos hemos hecho alguna vez, es mover las manos o los pies debajo de las sábanas. Los gatos se vuelven locos con esto.

«¿Qué habrá? ¡Mira! ¡Se mueve!», piensan ellos.

¿Qué es lo más probable que suceda si nos habituamos a este juego? Que tu gato decida que quiere jugar a las cinco de la mañana, y se tire a cazar los pies, las manos o incluso peor, la cara. La cama es un lugar sagrado, y no debe ser escenario de juegos, sobre todo si nos interesa eso de descansar bien.

Otro juguete que no recomiendo en absoluto es el puntero láser. Este no permite terminar la secuencia de caza, ¿os acordáis de que atrapar a la presa es parte del proceso? Pues si no hay presa tangible que atrapar, tu gato puede quedar tremendamente frustrado. Esto hará que el juego pierda todo su valor desestresante y, es más, tu gato terminará más estresado. Además, el puntero puede hacer que tu gato desarrolle comportamientos compulsivos como obsesión por las luces.

Algo muy importante también, y esta vez no por peligroso sino por el aburrimiento que puede causar, es no dejar siempre los juguetes a la vista. Tener siempre los juguetes por la casa es la mejor manera de que tu gato los normalice y pierda totalmente el interés. Lo mejor es tener un lugar donde guardarlos todos y recogerlos tras cada sesión. Además, cada día podemos ofrecerle uno o dos distintos, de manera que de cierta forma «todos los días tenga juguetes nuevos».

«Vale, Pilar, ya me has prohibido mucho, pero dime entonces cómo hay que jugar».

Lo más importante es hacernos con juguetes que se asemejen lo máximo posible a sus presas naturales, los roedores. Todo lo que tenga tamaño de ratón, pelo, cola y/o plumas es susceptible de ser interesante para tu gato.

Una caña con un pequeño ramo de plumas es perfecta (pero cuida de que, si se desprende alguna, tu gato no alcance a tragársela). Las cañas son juguetes ideales, pues nos permiten pasearlas por toda la casa, de manera que tu gato las persiga como si fueran una presa real (y nuestro cuerpo, de esta forma, se mantendrá fuera de su interés).

La manera correcta de mover el juguete para despertar interés en tu gato es haciendo movimientos rápidos. Una vez que hayamos captado su atención, podemos alejar el juguete lentamente e incluso aprovechar este alejamiento para retirarlo de su rango de visión y así conseguir que el interés sea máximo, lo que probablemente precipitará que se lance a por él.

Otro tipo de juego ideal para nuestro gato son las pequeñas bolitas que corren por todo el pasillo. ¿Quién no ha cogido un pedazo de papel de plata, lo ha hecho una bolita y se lo ha tirado lejos a su gato? Se vuelven locos, Curry incluso me la trae a veces para que se la lance.

En definitiva, juega con tu gato, juega mucho, pero sé responsable y desecha los malos hábitos.

Su vida en las alturas, ¿por qué es importante?

C omo te habrás dado cuenta si tienes un gato, o como comprobarás muy rápido si vas a tener uno pronto, los gatos son fieles amantes de las alturas. *«The floor is lava»* es su lema. Los verás subidos a sillas, mesas, encimera de la cocina, armarios… En lo que se refiere a alturas no le hacen ascos a nada.

Pero ¿por qué este interés y este afán de subirse a todos sitios?

Los gatos, para vivir tranquilos y sentirse seguros, necesitan tener todo su ambiente bajo control. Todo lo que ocurre en casa debe llegar a los oídos, la vista y el olfato de tu gato, y la manera gracias a la cual lo consigue es vigilando desde las alturas. Estas permiten a tu gato tener una visión panorámica del espacio en el que se encuentran y, por tanto, tenerlo todo bajo control.

Además, las alturas ayudan a nuestros gatos a sentirse seguros. Mediante el aprovechamiento de los espacios altos, los gatos se sienten más seguros, y les permite huir de ciertas situaciones que ocurren en el suelo de las que ellos digamos que no son muy fans, como, por ejemplo, un aspirador o un gatito pequeño y plasta que no deja de molestarle.

Pero esto es algo que, a veces, nos supone un problema. Hay muchos tutores felinos que me han escrito desesperados diciéndome que por favor les enseñe a educar a sus gatos a no subirse a la encimera de la cocina.

Lo cierto es que, si queremos ser respetuosos con las necesidades felinas, esto no es algo que debamos evitar. Si lo que te preocupa es la higiene, no hay problema, es comprensible, a mí también, pero la solución no es prohibir o reñir a tu gato cuando lo encuentres allí.

Lo primero, porque el castigo en el gato no es útil (pero de esto hablaremos largo y tendido en otro capítulo). Si te dedicas a reñir a tu gato cuando lo veas en la encimera, lo único que conseguirás es que no se suba delante de ti, pero cuando no estés seguirá

74

haciéndolo. Pero si la encimera o la mesa de la cocina son lugares en los que preferimos que nuestro gato no se suba, hay algunas cosas que podemos hacer.

Lo primordial es asegurarse de que nuestro gato tiene alternativas. Todos conocemos las necesidades de nuestros gatos en cuanto a comedero, bebedero, arenero... Pero ¿qué hay de los sitios altos?

«Pilar, pero es que mi casa es muy pequeña».

Precisamente por eso, utilizar el espacio tridimensional es interesantísimo. Dale a tu gato múltiples opciones de alturas. Existen rascadores con diferentes plataformas, camas con ventosas para colocar en las ventanas, baldas que se colocan en la pared, y hasta conjuntos de baldas con puentes incluidos para crear un recorrido.

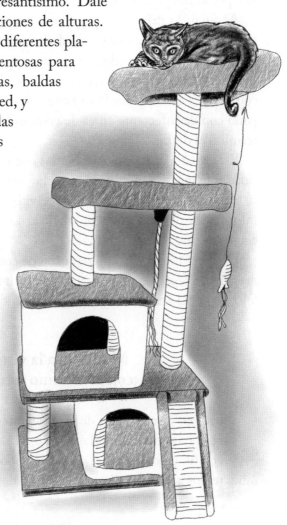

Toda altura que le proporciones a tu gato es poca. Si tu gato no tiene alternativas y no le has proporcionado sitios donde subirse, él mismo se los va a buscar, de eso no te quepa la menor duda.

Además, procura no dejar cosas interesantes en la encimera o en la mesa, también conocidas como comida. La encimera de por sí es un sitio que a los gatos les produce mucha curiosidad porque les llegan muchos olores, algunos muy agradables, por lo cual debemos intentar que no haya nada cuando ellos se suban.

Esto es muy importante, ya no solo por evitar reforzar esta conducta, sino por procurar que no coman nada de comida humana. El ajo y la cebolla, por ejemplo, son alimentos tóxicos para los gatos, por lo que hemos de tener sumo cuidado.

Al final, lo más fácil y rápido es aceptar que tu gato necesita sitios donde subirse, sitios elevados donde sentirse seguro y poder descansar y observar todo su entorno, y que entre esos sitios puede haber algunos que no nos hagan tanta gracia. Si lo que te preocupa, como antes comenté, es la higiene, es tan sencillo como pasar un paño con desinfectante antes de comenzar a cocinar o comer, y se terminó el drama.

Esta es una de las razones por las que conocer a fondo las necesidades felinas es tan importante. Hay veces que las necesidades de tu gato chocan con nuestro modo de vida, y por eso hemos de estar informados de ellas antes de plantearnos compartir nuestra vida con estos maravillosos animales.

De igual forma, y como os acabo de contar, todos estos problemas tienen solución. Tu cocina seguirá limpia y tendrás a un gato feliz de poder verlo todo y curiosear en todas las superficies.

Mudanza a la vista, ¡con el mínimo estrés!

Justo en el momento de escribir este capítulo me encuentro en medio de una mudanza. Como sabéis, comparto mi vida con un gato, Curry, el cual solo conoce una casa y ahora nos mudaremos a un nuevo hogar.

Una mudanza es uno de los momentos más estresantes por los que puede pasar, no solo nuestro gato, sino nuestra familia. Por eso, lo más fácil para todos es que tengamos muy claro cuáles son los pasos que dar, al menos respecto a nuestro gato.

Los gatos son animales que se estresan fácilmente, como ya todos sabemos, y cambiar su territorio es algo que puede afectarles. Lo mejor que podemos hacer, de entrada, es preparar el ambiente mucho antes de los días de mudanza en cuestión. Me explico.

Nosotros, cuando estamos planeando mudarnos a otro sitio, no lo hacemos de un día para otro, sino que el proceso de preparación comienza algo de tiempo antes.

Hay que hacer cajas, tirar cosas que sabemos que no usaremos, cambiar alguna cosa de sitio…

Todo esto son cambios que pueden producir estrés en nuestros gatos, por lo que lo más recomendable es poner un difusor de feromonas sintéticas (Feliway Optimum®) dos o tres días antes de que empiece la fiesta.

Estas feromonas no van a evitar el estrés de tu gato al 100 % (eso es imposible, de hecho), pero sí pueden ayudarle a sentirse más cómodo con el proceso.

Además, algo que recomiendo mucho para fomentar el carácter curioso y disminuir el miedo a los cambios es premiar todo comportamiento de exploración y curiosidad. Por ejemplo, puedes llevar una caja a casa, rellenarla con cosas y dejarla a la vista para observar lo que hace tu gato. Si su reacción es acercarse a olerla, puedes premiarle con una palabra bonita con la voz más ñoña que te salga. Ya sabes, mi recompensa hacia Curry muchas veces es un «muy bieeeeen».

Esto va a hacer que tu gato comience a aprender que las cosas nuevas son guays, que no hay que temerlas y que no tiene que estresarse por ellas. Practica esto con cada cambio que suceda en tu casa durante el proceso de mudanza y, poco a poco, verás que tu gato se vuelve más curioso y menos miedoso.

Durante los días en los que se estén llevando cosas a la casa nueva, se puede aprovechar para preparar lo que va a ser «la habitación del gato» en los primeros días.

«Pilar, ¿para qué quiere mi gato una habitación para él?».

Piensa que, en los primeros momentos en el nuevo hogar, tu gato se encontrará desubicado, descubriendo nuevos olores y decidiendo si la situación le convence o no. Lo mejor que podemos hacer en estos momentos es facilitarle la vida y que tenga una habitación con todos sus recursos (arenero lo más separado posible de comedero y bebedero).

De esta manera, si tu gato decide que quiere pasar los primeros días debajo de una cama, sofá, etc., cosa que debemos respetar, no tendrá que ir muy lejos para satisfacer sus necesidades básicas.

Lo mejor para que nuestro gato se adapte es llevar sus recursos a la otra casa, en vez de comprar otros nuevos. Piensa que sus cosas llevan impregnado su olor y, por tanto, puede ayudarle a sentirse más cómodo.

Llegado el día de la mudanza, en el que se deja el hogar antiguo, lo mejor es que el gato sea de lo último que se traslade, de esta manera le ahorraremos el estrés de, además de estar en un sitio nuevo, ver cómo sus dueños salen y entran en la casa nueva.

Para los gatos, las rutinas son imprescindibles, por lo que algo que nos puede ayudar muchísimo a que nuestro gato no se estrese es mantener, en la medida de lo posible, esa rutina. Si la lata de comida húmeda se la come por la mañana, que siga siendo así en la nueva casa, y así con todo.

Una vez instalados en el nuevo hogar, lo más lógico es que vuestro gato se esconda en los primeros momentos y después comience a explorarlo todo. Puede que, en una de esas sesiones de descubrimiento, pase la cara por alguna esquina, lo que sería fabuloso.

Mediante este frote de la cara, tu gato dejará las feromonas faciales, que le ayudarán a reconocer ese entorno como familiar. Esto sería lo ideal, pero ¿y si no lo hace?

Probablemente solo necesite tiempo, aunque hay una manera supersencilla con la que nosotros podemos ayudarle en esta tarea:

Coge un calcetín limpio y pásalo durante un rato por las mejillas, barbilla y sienes de tu gato (en la medida en la que te lo permita). En ese calcetín habrás recopilado feromonas faciales felinas (sí, aunque no las veas, ahí están).

Con este calcetín, date una vuelta por el nuevo hogar y pásalo por todas las esquinas que puedas, lógicamente a la altura de la nariz de tu gato. De esta manera, cuando tu gato pase, empezará a reconocer su propio olor y será más probable que sea él el que comience a marcar con las mejillas.

Lo normal es que, pasados unos días, tu gato se sienta como en casa, por lo que será el momento de reubicar sus cosas. Asegúrate de que él sepa dónde están y procura seguir los consejos de distribución espacial de recursos que has leído en los capítulos anteriores.

Como ves, el momento mudanza no tiene por qué ser más estresante de lo que ya se presupone que es, solo necesitas conocer las necesidades de tu gato en esos momentos y adecuarte, siempre en la medida de tus posibilidades, a ellas.

Cuando viaje, ¿qué hago con mi gato?

L lega el verano, Semana Santa o, simplemente, un puente y a todos nos gusta hacer una escapadita. Pero siempre nos surge una duda: «¿Qué hago con mi gato? No se puede quedar solo. ¿Me lo llevo o mejor que se quede en casa?».

Cuando se trata de arrojar un poco de luz sobre este asunto, hay algunas cosas que debemos tener claras, pues ningún caso es igual que otro.

Lo primero es ver qué grado de habituación tiene tu gato a varias cosas. Para empezar, el trasportín, que va a ser su lugar de transporte. Una buena habituación al trasportín va a permitir que podamos mover a nuestro gato con poco estrés, ya que lo verá como un lugar seguro.

Si tu gato no pasa un buen rato en el trasportín, ya tienes un punto en contra para pensar en llevarlo contigo.

Apunte: la habituación al trasportín es algo básico que debemos priorizar, ya no solo a la hora de viajar, sino para cualquier transporte, como podría ser una visita al veterinario. Si tu gato no lo pasa bien dentro del trasportín, ponte en manos de un especialista para que te ayude a resolverlo cuanto antes (como siempre, te ofrezco mi ayuda).

Lo segundo que debemos tener en cuenta es la relación de tu gato con el mundo exterior: ¿está acostumbrado a salir? ¿Es un gato miedoso? ¿Le estresan las situaciones nuevas o por el contrario actúa con curiosidad?

Saber qué grado de habituación tiene nuestro gato a nuevos escenarios es básico. Si tu gato nunca ha salido de casa, lo más probable es que no lo pase bien durante el viaje, pues estará expuesto a un sinfín de estímulos totalmente desconocidos para él.

Lo tercero es el medio de transporte en el que vas a viajar. Depende de si es coche, tren, avión o barco, debes tener en cuenta varias cosas. Lo primero es, de nuevo, ver si tu gato ha tenido alguna relación con alguno de estos medios de transporte. Además, si vas a viajar en avión, debes saber que en el aeropuerto van a pedirte el pasaporte y las vacunas de tu gato, por lo que debes asegurarte con bastante antelación de que lo tienes todo en regla.

Una vez que hayamos analizado todos estos puntos, hemos de tener en cuenta dos aspectos fundamentales: la duración del viaje y si existe la posibilidad de que venga alguien a casa.

Si tuviera que elegir que te quedaras con solo un dato de todo este capítulo (después de esta retahíla de recomendaciones) sería con el siguiente:

Los gatos son animales territoriales, por lo que siempre van a sentirse mucho más cómodos y seguros en su casa. Siempre que puedas dejar al animal en casa, hazlo.

Pero, OJO, no a cualquier precio. Si elegimos dejar a nuestro gato en casa debe ser bajo unas mínimas condiciones. Tu gato no debería pasar mucho más tiempo solo del que está acostumbrado, y deberá tener sus necesidades cubiertas en todo momento.

Con estas necesidades no solo me refiero a lo básico: comida, agua y arenero, sino a sus necesidades conductuales. Un gato necesita cazar (jugar), correr, explorar, desarrollar sus sentidos y sentirse acompañado, por lo que debes procurar que los días que estés fuera esto no cambie.

Lo ideal es que la persona que se quede con el gato, o vaya a visitarle, sea alguien conocido, pero desgraciadamente, lo ideal y la vida real pocas veces coinciden. Soy plenamente consciente de que no siempre tenemos a alguien de confianza con quien el gato tenga una buena relación y que pueda cuidar de él en nuestra ausencia.

Pero tranquilo, hoy en día está todo inventado, y si te das una vueltecita por Internet, o preguntas a conocidos que también tengan gatos, encontrarás fácilmente un servicio de *cat sitter*. Esto consiste en una persona que, como si fuera una niñera, cuida de tus gatos en tu ausencia.

Si tenemos que recurrir a esto, hay algo que sería muy recomendable hacer, y es intentar que esta persona pase algo de tiempo en tu casa antes de que llegue la hora de marcharte y dejar a tu gato a su cargo.

Aunque parezca una tontería, tu gato se sentirá más seguro si conoce y ha tenido antes un contacto positivo con esta persona, en vez de si de repente entra en nuestra casa alguien desconocido sin una presentación previa. Para esto, basta con que venga un par de días a casa y pase algo de tiempo jugando y alimentando a tu gato, de esta manera tu fiel compañero creará una asociación positiva con esta persona y se sentirá mucho más cómodo cuando llegue la hora de quedarse solo con ella.

Una cosa que debe tener en cuenta la *cat sitter*, y que somos nosotros los encargados de hacérselo saber, es la rutina del gato. Para un gato, sus rutinas son sagradas, y mientras menos las alteremos, menos estrés sufrirá y menos cuenta se dará de que no estamos, por lo que, durante esos días de viaje, sería muy interesante mantener, en la medida de lo posible, los hábitos de tu gato. La hora a la que se le da de comer, la hora a la que se le ofrece un poco de comida húmeda, la hora a la que se le limpia el arenero, la hora a la que soléis jugar con él. Todos estos son momentos clave de la vida diaria de tu gato, y debemos intentar alterarlos lo mínimo posible.

Algo que también recomiendo encarecidamente es el uso de feromonas sintéticas en momentos así. Dependiendo de la duración del viaje, usaremos un producto u otro. Si el viaje va a ser de una semana o menos, podemos usar una nueva gama de Feliway® llamada Feliway Help®. Yo la he usado, y he de decir que Curry apenas notó mi ausencia en esos días, su comportamiento no cambió y permaneció tan pancho como él siempre está.

He de decir que esta marca no me paga por deciros esto, si recomiendo algo es porque realmente me gusta, nunca me veréis recomendar algo sin pasar antes por mi aprobación personal.

En cuanto a los viajes de más de una semana, deberíamos usar la gama Feliway Optimum®, cuya duración es de un mes.

Ambos deben usarse correctamente para que puedan ejercer todo su efecto. Para ello debemos buscar un enchufe céntrico de nuestra casa, en el que no haya nada por encima que lo tape (una mesa o una estantería) y colocar el difusor. Es importante saber que tiene una cobertura de 70 metros cuadrados, por lo que, si tu casa es mucho más grande, lo mejor es coger dos. Este producto debe enchufarse unos tres días antes de salir de casa, para que se alcance una concentración adecuada de feromonas en el ambiente.

Con toda esta información debes tomar una decisión, pero siempre teniendo en mente lo que antes te comenté: los gatos son animales territoriales y siempre van a sentirse más cómodos y seguros en el entorno que ya conocen (aunque sea sin nuestra presencia).

¿Debemos dejar que los gatos salgan de casa?

E ste es el eterno debate que existe en torno al mundo del bienestar felino. ¿Debemos dejar que los gatos desarrollen al máximo su conducta de caza y exploración dejándoles salir y mejorar así su enriquecimiento ambiental en un 1000 %?, ¿o por el contrario debemos dejarles en casa?

Pues bien, esto es algo en lo que ni siquiera entre los mayores expertos en etología felina existe consenso.

Por una parte, es cierto que la vida libre es de las mejores maneras de asegurarnos de que nuestro gato cuenta con una riqueza ambiental adecuada. Además, previene la obesidad y los problemas derivados del aburrimiento, pero antes de dejarnos llevar por lo idílico que esto suena, hay que tener en cuenta varias cosas.

Al dejar salir a los gatos a merodear promovemos una serie de problemas bastante perjudiciales, tanto para el bienestar de nuestro gato como para el medioambiente. Os cuento:

Por un lado, la calle es una fuente de peligro continuo para nuestro gato. Actualmente vivo en una zona de campo y, por desgracia, encuentro todos los días gatos que han tenido un destino fatal en la carretera, por decirlo suavemente. Hay gatos que no saben lo que es un coche ni lo que deben hacer cuando ven uno, y las probabilidades de que ocurra un accidente son altas.

Por otro lado, si tu gato entra dentro del territorio de otro gato macho, es probable que este último no se quede impasible. Las peleas de gatos, y sobre todo en época de celo en las hembras, cuando empiezan a alargarse los días (primavera en el hemisferio norte), son bastante frecuentes. Todos hemos oído chillidos de gatos cuando anochece o a primera hora de la mañana.

Lo mínimo que puede pasarle a tu gato en una de estas peleas es salir magullado, pero esto no queda aquí; enfermedades como la inmunodeficiencia felina están a la orden del día entre los gatos

callejeros, y la transmisión se produce por mordedura, por lo que tu gato corre un alto riesgo si se ve envuelto en uno de estos conflictos.

Además, al dejar que nuestros gatos vagabundeen promovemos que continúe la reproducción incontrolada de los mismos. Si hablas con cualquier asociación felina, puedes enterarte de la magnitud de este problema hoy en día.

Pero esto no acaba aquí, si dedicas unos minutos a buscar en Internet, puedes encontrar numerosos estudios que revelan el daño que hacen los instintos de caza a la fauna local, sobre todo a pájaros y pequeños roedores.

En mi opinión, y esto es solo mi opinión, un gato no debería tener la necesidad de salir fuera de casa si nos encargamos de ofrecerle una correcta estimulación dentro, de forma que tenga todas sus necesidades conductuales cubiertas.

«Si existen tantos contras a que los gatos salgan y tantos pros a que se queden en casa, ¿dónde está el debate?».

Pues bien, como sucede en muchos aspectos de la vida, no todo es tan sencillo.

Quiero que te pongas en la siguiente situación:

Gato de un año, nacido en la calle, bastante socializado y amigable con las personas, que por sus características y su buena socialización es apto para una adopción responsable. Lo adopta una familia y al poco tiempo esta nos dice que el gato está muy estresado porque busca continuamente salir a la calle.

¿Qué hacemos ahora?, ¿dejamos que el gato salga a la calle exponiéndose a los numerosos peligros que acabo de explicar?, ¿o lo mantenemos dentro de casa con problemas de ansiedad y frustración porque echa de menos su antigua libertad?

Aunque no lo parezca, esto es un problema frecuente, y yo siempre propongo la misma posible solución.

Existe un término medio que, llevado a cabo correctamente, teniendo en cuenta periodos de adaptación y siendo respetuosos con el gato, puede solucionarnos el problema. Y son los paseos. Sí, pasear a un gato, como si fuera un perro.

Hoy en día esta es una práctica cada vez más frecuente, y me parece una solución maravillosa al dilema que acabo de presentar. Eso sí, hay que hacerlo correctamente y sin prisas. Lo primero es acostumbrar a nuestro gato a un arnés. Esto hay que hacerlo poco a poco, dentro de la seguridad de casa, y siempre asociándolo a *snacks*.

El primer día bastará con enseñarle el arnés, dejar que lo huela y lo curiosee, y después recompensarlo. El segundo día repetiremos este ejercicio y además probaremos a ponérselo. Al principio verás cómo tu gato se siente raro, e incluso incómodo, y no querrá moverse mientras lo lleve. No pasa nada, es lo normal, deja que lo tenga puesto un minuto y dale una recompensa, después quítaselo.

Ahora quiero que repitas este ejercicio añadiendo cada vez un minuto. El objetivo es que tu gato pueda llegar a hacer vida normal por casa con el arnés puesto, y créeme, con paciencia y *snacks*, se consigue.

Después debes hacer lo mismo con la correa, de manera que tu gato no se sienta incómodo con este accesorio extra. Una vez que tu gato esté acostumbrado a esto dentro de casa, puedes ir empezando a abrir la puerta de la calle y hacer como que vas a comenzar un paseo con él.

Lo normal es que al principio actúe con mucha cautela y no avance apenas, pero poco a poco irá ganando confianza. Hay algo muy importante que debes tener en cuenta si quieres empezar a pasear a tu gato, y es la zona y el horario que eliges para los paseos. Es importante que esta actividad se desarrolle en lugares tranquilos, en los que no suela haber gente, y menos aún perros, por eso el horario juega un papel fundamental.

Otra cosa que debemos saber sobre los paseos es que no es una actividad adecuada para todo tipo de gatos. Si el tuyo ante lo desconocido actúa de forma curiosa, se atreve a explorar fuera y tolera bien los cambios, es posible que el paseo sea muy positivo para él.

Sin embargo, un gato miedoso, que se asusta ante cualquier ruido, que se esconde cuando llega alguien… no es un gato idóneo para esto y el paseo puede ser una fuente de estrés, más que un enriquecimiento.

Volviendo a calle sí o calle no, si me preguntas a mí, mi respuesta es no. No dejaría a mi gato vagabundear solo; con un adecuado enriquecimiento ambiental y asegurando que todas sus necesidades conductuales están cubiertas, un gato puede ser igual de feliz dentro de casa.

El rol del gato en nuestras vidas

La relación con tu gato

Los gatos son gatos, y como gatos debemos quererlos. Sé que esto puede sonar muy a tópico o como algo muy obvio, pero muchas veces se nos olvida.

A veces, escogemos a un gato como mascota porque «es más fácil de cuidar» y «no hay que sacarlo a pasear», pero con esto debemos tener sumo cuidado. Antes de pensar en tener un gato debemos valorar lo que supone tenerlo, en la naturaleza de ese animal, en sus necesidades y en el rol que juega en nuestras vidas.

Es peligroso que veamos a un gato como un perro pequeño, pues ni de lejos lo son, son especies completamente diferentes. Para empezar, los perros son animales sociales, y en la naturaleza, los lobos van en manada. Sin embargo, un gato es un animal solitario, como ya hemos explicado en capítulos anteriores.

Entender esto es muy importante para no cargar a nuestro gato con expectativas que luego, cuando no se cumplan, nos conduzcan a una profunda decepción y terminemos pensando cosas como: «Es que mi gato es traicionero», «Es demasiado independiente», o «Es muy arisco».

Antes de caer en estos pensamientos que son pan de cada día, debemos hacernos estas preguntas: ¿Sé lo que es un gato? ¿Conozco sus necesidades? ¿Conozco la naturaleza de la especie? ¿Es el animal que quiero en mi familia?

¿Por qué es importante hacerse estas preguntas? Porque si no conocemos en profundidad lo que supone tener un gato, es probable que ni tú ni él lleguéis a ser felices.

Por eso, es fundamental conocer el rol del gato en nuestras vidas, saber lo que es capaz de ofrecernos, ser conscientes de las posibles limitaciones y de lo que nos espera en nuestra convivencia con él.

Un gato es un animal para ser observado, si le gusta el contacto, eres afortunado, pero si no tienes esa suerte, solo contémplalo.

Te reto, de verdad, a observar a tu gato. Son animales fascinantes, cómo actúan, cómo miran, cómo se dan cuenta de todo, cómo juegan…

¿Dos gatos jugando? Para mí es de las cosas más entretenidas que hay de ver.

El rol del gato en una familia es el de la compañía, sin forzar encuentros. Un gato feliz y contento con su relación contigo es un gato que va a estar alrededor de ti. Olvidémonos de caricias y, a veces, incluso de cualquier tipo de contacto.

Un gato que pasa tiempo en la misma habitación que tú es un gato que te quiere, al que le gustas y quien desea pasar tiempo contigo, valoremos eso. Dejemos de centrarnos en el «es que no deja que le toque» y empecemos a centrarnos en el «míralo, echándose su siesta cerca de mí, mientras yo leo», ese es el verdadero placer de tener un gato.

Si a tu gato le gustan las caricias, oye, eso es magnífico, no voy a negarlo. Pero si no es así, te invito a disfrutar de estos otros pequeños placeres que, por desgracia, solemos pasar por alto.

El lenguaje de los gatos

Este capítulo sobre el lenguaje de los gatos da para un libro entero, pues estos tienen mil formas de comunicarse, pero voy a intentar resumirte en estas páginas lo más importante que debes saber y que te permitirá manejarte y entender a tu gato sin problemas.

Para empezar, debemos aprender lo que nuestro gato nos quiere transmitir con su lenguaje corporal, ya que esto es el 90 % de la comunicación del gato. Si entiendes su lenguaje corporal tienes la mayor parte de los deberes hechos.

Empezaremos desde la parte delantera de su cuerpo hasta la parte trasera:

En lo que se refiere a las orejas, hay tres posiciones clave que debemos conocer. Las orejas apuntando hacia delante nos muestran un gato atento, curioso, tranquilo y sin dolor. Las orejas que se tornan un poco hacia los lados, simulando las alas de un avión, muestran a un gato incómodo, enfadado e incluso agresivo. Por último, unas orejas echadas completamente hacia atrás, a las que apenas vemos si miramos de frente, muestran un gato con miedo, con mucho miedo.

Las dos últimas posiciones son importantes, y debemos saber cómo actuar ante ellas. Si ves a tu gato con las orejas hacia los lados o hacia atrás, debemos dejarle tranquilo, no mirarle a los ojos y retirarnos de su presencia, se calmará solo. Nada de «lo toco hasta que se tranquilice», los gatos no funcionan así y probablemente, aunque no nos lo muestre claramente, lo estaremos estresando más.

Los ojos también nos aportan muchísima información, sobre todo sus pupilas. Unas pupilas dilatadas nos van a indicar dos posibles estados mentales en nuestro gato. El primero es el estrés, un gato muy estresado tendrá las pupilas muy dilatadas. El segundo es la excitación. Si aún no te habías dado cuenta, fíjate en los ojos de tu gato cuando estás jugando con él, ya que las pupilas suelen estar muy dilatadas.

Unas pupilas contraídas, como una línea en el ojo, indican relajación, y son las que pueden vérsele a tu gato cuando hay mucha luz en el ambiente.

Es muy importante evitar mirar fijamente a los ojos a nuestro gato, porque es muy probable que se lo tome como un desafío o un reto, y esto es lo último que queremos. En cuanto a los maullidos, hay todo un mundo aún por descubrir, pero se saben algunas cosas que todo dueño de gato debe saber.

Lo primero y lo más importante es que nuestro gato modula el maullido según lo que vaya observando

que le funciona con nosotros. Por tanto, cada gato tiene sus propios maullidos y los usará en los contextos en los que sabe que va a obtener lo que quiere. Esto puede ser comida, atención, mimos... Lo primordial es dedicar un tiempo a observar a nuestro gato, ver cuándo maúlla y a qué contexto está asociado, para así ir descifrando sus deseos.

Por otro lado, tenemos el ronroneo. Este es un sonido de vibración que realizan con la laringe, y no necesitan tener la boca abierta para emitirlo. Normalmente, los gatitos pequeños lo hacen con mucha fuerza, y no es raro que a medida que van creciendo vaya siendo cada vez más bajito.

Hay dos tipos de ronroneo. Por un lado, tenemos el llamado «ronroneo de no solicitud», que es aquel que realizan cuando están tranquilos, medio dormidos, y a gusto cerca de nosotros. Por otro lado, está el «ronroneo de solicitud» que, como su propio nombre indica, lo usan para pedir algo, normalmente comida o mimos.

¿Y cómo los diferenciamos?

Normalmente, el ronroneo de solicitud es más fuerte y vigoroso, y puede presentarse cuando están agitados.

Pero hay algo importante que debemos saber sobre el ronroneo, y es que no siempre se da en momentos de felicidad. Los gatos que sufren de estrés crónico, que tienen dolor o que están a punto de morir también ronronean. No está del todo comprobado, pero se cree que el ronroneo libera endorfinas que ayudan a los gatos a combatir el estrés y el dolor.

«¿Y cómo sé si mi gato ronronea por felicidad o no?».

Normalmente nos lo indica el contexto, un gato que realiza sus actividades normales, que no ha tenido un cambio de comportamiento perceptible y que lleva sus revisiones de salud al día, probablemente, ronronee de felicidad.

En todo caso, si tienes dudas, contacta con un especialista en comportamiento, como puedo ser yo, para comprobar que tu gato no viva con estrés.

Respecto a las extremidades, hay varias cosas que debemos tener en cuenta. Muchos me preguntáis preocupados que por qué vuestro gato os amasa, que si tiene algún problema. Respecto al amasado, este es el gesto que hacen los gatitos con sus madres cuando están mamando; este amasado favorece la salida de la leche y es un comportamiento innato.

Cuando los gatos se destetan antes de tiempo, este comportamiento puede permanecer de adultos y lo realizarán cuando se sientan a gusto y relajados. Por tanto, no debemos preocuparnos, no es algo que debamos evitar.

Si nos fijamos ahora en la cola de nuestros gatos, vamos a encontrar mensajes por un tubo. Por ejemplo, un gato que mueve la cola de lado a lado, como un látigo, lejos de pensar que está muy contento (como si de un perro se tratara) tenemos que pensar que ese gato está enfadado.

Sí, sí, como lo oyes, enfadado, por lo que si ves a tu gato así es el momento perfecto para dejarlo tranquilo, en cuestión de minutos se le pasará el mosqueo (si éramos nosotros la causa del enfado).

Por otro lado, tenemos la cola levantada, totalmente vertical, haciendo un ángulo de 90° con el suelo. Esta es la mejor posición que podemos encontrar. Miento, si a esa cola vertical le añadimos un pequeño gancho al final, entonces rematamos la faena.

Esta posición nos indica un gato que está contento, que nos saluda, que quiere interactuar con nosotros e incluso que nos está pidiendo mimos. Siempre que veas a tu gato así no dejes pasar la oportunidad y préstale la atención que pide, ya sea con un mimo o una palabra bonita.

Asimismo, tenemos la cola baja, como en horizontal. Aquí debemos hacer dos diferenciaciones. Si la cola está horizontal pero el resto del cuerpo está normal, erguido, tu gato te está indicando curiosidad por aquello que tiene delante. Sin embargo, si a esa cola en horizontal le acompaña un cuerpo también agachado, nuestro gato está intentando pasar desapercibido. Literalmente está haciéndose pequeñito para evitar ser visto. Esta posición podemos verla cuando un gato está acechando una presa y no quiere delatarse.

Por otra parte, tenemos la cola recogida en el cuerpo. Es esa posición en la que, ya sea tumbado o sentado, vemos que la cola de nuestro gato rodea su cuerpo completamente. Debemos saber que con esta posición nuestro gato nos indica que no está necesariamente incómodo, pero que prefiere no interactuar con nosotros. Por tanto, cuando lo veamos así, mejor dejarlo tranquilo, no es un momento en el que nos esté pidiendo interacción y debemos respetarlo.

Por último, hay una postura que implica al cuerpo entero de nuestro gato. Es la llamada postura del «gato de Halloween», en la que vemos al gato con el pelo completamente erizado, el lomo arqueado, la cola como un plumero, las orejas hacia atrás y la cabeza y la cola girada hacia un mismo lado. Esta postura, que seguro que visualizas en tu cabeza, es la de un gato que se siente amenazado por algo y quiere hacerse grande.

¿Recuerdas la postura que acabo de contarte en la que el gato quería evitar ser visto? Pues la postura de Halloween es todo lo contrario. Pero es curioso porque esta posición tiene distintos significados según si el gato es joven o adulto.

En un gatito joven, esta postura acompañada de saltitos laterales es una llamada de atención pidiendo juego. Sin embargo, una vez que el gato es adulto, se relaciona con la amenaza.

Una vez más, cuando observemos a nuestro gato así, lo mejor es no mirarle ni tocarle, ya que si lo dejamos solo y tranquilo se le pasará.

Esto es un resumen rápido y fácil para que puedas empezar a entender el lenguaje de tu gato, pero este es un mundo muy extenso. Estaré encantada de ayudarte. Si esto te interesa y quieres saber más…, ¡no dudes en escribirme!

Gánate a pulso
su confianza

L os gatos son animales a los que, si no tienen una superbuena habituación a las personas desde muy pequeños, vas a tener que convencer de tus buenas intenciones y de que vas en son de paz.

Ellos son desconfiados y cautos, y hacen bien, por lo que es tarea nuestra encargarnos de que nos vean como un ser que no les va a hacer daño y en el que pueden confiar.

Entonces, ¿cómo podemos ganarnos la simpatía de un gato?

Vamos a diferenciar entre dos posibles situaciones:

«Pilar, es que hay un gato por mi vecindario que no conozco y me gustaría que me perdiera el miedo».

Bien, lo más importante, tanto en esta situación como en la próxima de la que os hablaré, es que respetemos los deseos del gato. Si probamos a acercarnos a él y este se aleja, en ningún caso va a ser beneficioso que vayamos detrás. Si hacemos esto, el gato se va a sentir perseguido y acosado, y al contrario de lo que pretendemos, estaremos propiciando que desconfíe de nosotros.

Entonces, pongámonos en la situación, estamos en la calle y ese gato que nos tiene miedo está cerca, lo más inteligente será hacer lo siguiente.

Hazte con un premio sabroso y ponlo en el suelo, no muy cerca de ti en un principio. Siéntate en el suelo, dándole la espalda al gato, o como mucho de lado, nunca de frente. Ahora toca esperar y tener paciencia. Puede que el gato se acerque un poco a la comida a curiosear, en ese momento permanece inmóvil, pues cualquier movimiento lo espantará. Ponte a leer un libro o revisar tu correo en el móvil, que el gato no sienta que estás pendiente de él.

Repite este ejercicio todos los días que puedas durante ratitos cortos. Si tienes mucha suerte y el gato decide acercarse a ti, no aproveches para tocarlo, porque probablemente no sea un gato

acostumbrado a las caricias y retrocederemos cinco pasos en lo que habíamos avanzado.

Si repites este ejercicio durante muchos días a ratitos cortos, es posible que ese gato pueda llegar a sentirse cómodo a tu lado, e incluso puede que consigas que coma cerca de ti. Con este avance podemos darnos con un canto en los dientes.

El grado de confianza que pueda llegar a tener ese gato va a depender de factores que por desgracia no están en nuestra mano ni podemos influir sobre ellos, por lo que no te desesperes si nunca llegas a tocarlo.

Mediante esta postura que te he contado, estamos respetando la naturaleza del gato, ya que al agacharnos nos ponemos a su altura y dejamos de ser tan intimidantes para él. Además, el hecho de no mirarle directamente hará que no te detecte como una amenaza. Al fin y al cabo, la mejor manera de que un gato se nos acerque es ignorarlo. Pongámonos ahora en esta otra situación:

«Pilar, mi gato de casa es bastante miedoso y quiero ganarme su simpatía».

Para este caso, el ejercicio que he comentado arriba es perfecto, pero hay otras cosas muy importantes que también debemos tener en cuenta. Para que tu gato tenga confianza contigo y te vea como un «lugar seguro» debe sentirse con el control de vuestra interacción en todo momento. Me explico.

Los gatos necesitan saber en todo momento cuándo vas a interaccionar con ellos y de qué manera. Los sustos, tocarlos cuando no se lo esperen, excedernos en el contacto… Todo eso son cosas que debemos evitar porque hacen que nuestro gato pierda el interés en acercarse a nosotros.

Piensa en la confianza como una botella de agua. Cuando el contacto con tu gato es predecible y es deseado por él, esa botella se mantiene llena. Sin embargo, cada vez que ocurren algunos de los ejemplos que os he puesto, a esa botella le sale un agujerito y el agua va bajando. Mientras más agujeritos, menos agua, y menos confianza.

Una interacción que suele generar dudas son las caricias, ¿cuánto debemos acariciar a nuestro gato?, ¿qué partes de su cuerpo son más apropiadas para hacerlo?, ¿por qué a mi gato no le gustan las caricias?

El próximo capítulo responde a todas esas preguntas y más.

Los límites en las caricias.
¡Entiende sus señales!

os gatos y las caricias, las caricias y los gatos, el eterno dilema. Nosotros, como seres sociales que somos, estamos acostumbrados al contacto físico. Para nosotros, una caricia es un gesto de amor y cariño, y, por tanto, es así como se lo demostramos a nuestras mascotas también.

Los gatos, por su parte, no demuestran el cariño de esa manera, por lo que es muy común que nosotros queramos acariciar a nuestro gato y él nos lo agradezca con un mordisco en nuestra mano.

Pues bien, para evitar esto último, debes saber que hay unos requisitos para que tu gato llegue a disfrutar de las caricias.

Lo primero es estar acostumbrados a ellas desde muy pequeños. Una vez más, el periodo de socialización es clave. Si entre las dos y las nueve semanas de vida de nuestro gato procuramos acariciarle bastantes veces al día, siempre dentro de su rango de tolerancia, y asociando estas caricias a cosas positivas, es muy probable que ese gato disfrute de una caricia de mayor.

¿Y por qué digo probable y no seguro?

Porque hay otros factores que intervienen sobre los cuales desgraciadamente no tenemos poder. Entre ellos está la herencia familiar, más concretamente de su padre. El carácter del padre va a determinar en muy alto grado el carácter del hijo. Además, es muy importante el nivel de estrés que haya sufrido la madre durante la gestación; toda situación angustiante que la madre gestante haya vivido durante esos 62 días hace que los gatitos sean más sensibles al estrés, es decir, que se estresen con mayor facilidad.

También se sabe que una manipulación suave de la barriga de la mamá, sometiendo a los fetos a un contacto agradable, hace que estos empiecen a estar acostumbrados a la manipulación.

Como veis, estos son factores que, a no ser que seamos los tutores de los padres del gatito, no podemos controlar.

«Genial, Pilar, pero yo tengo un gato adulto, ¿cómo gestiono las caricias?».

Pues verás, lo primero de todo es aprender cuáles son las señales que nos manda nuestro gato durante una sesión de mimos. Los gatos son muy sutiles, y si llegan a morder es porque probablemente no hayamos sabido interpretar las señales previas que nos indicaban que el gato ya no estaba disfrutando.

La primera de esas señales son las pupilas. Como comenté en el capítulo del lenguaje, a mayor grado de excitación, más dilatadas estarán las pupilas. Pues bien, en este caso funciona igual, en el momento en el que las pupilas de tu gato empiezan a dilatarse, debes dejar de acariciarle.

Si por lo que sea no puedes fijarte en sus pupilas porque, por ejemplo, tiene los ojos cerrados, fíjate en la cola. Una cola ondeando de un lado a otro (toda la cola, no solo la punta) nos dice que nuestro gato ha tenido suficiente y que está empezando a mosquearse.

Asimismo, las orejas nos aportan muchísima información, mientras más hacia los lados apunten, más disconforme estará tu gato con la situación. Hay otras señales que no debemos dejar pasar, como mirar para otro lado o agachar la cabeza, que también nos indican que no debemos seguir acariciándole.

Bien, ya tienes mucha teoría, pero pasemos un poco a la práctica, quiero que hagas este ejercicio:

Cuenta cuántas caricias acepta tu gato antes de mostrarte cualquiera de estas señales, no tienen que aparecer todas a la vez, con una es suficiente.

Ahí habrás encontrado el límite. Pero te digo más, nunca deberíamos acariciar a nuestro gato sin pedirle permiso primero.

«Se le ha ido la olla del todo». Nada de eso, te explico.

Estamos muy acostumbrados a acariciar a nuestro gato cuando nosotros queremos, pero solo hay una manera de saber si él también quería esa interacción, y es pidiéndole permiso.

¿Cómo se hace esto?

Aprovecha un momento en el que tu gato esté tranquilo y feliz, como recién despierto de una siesta o cuando llegas a casa, y ofrécele el dorso de la mano. Si tu gato avanza sus mejillas contra tu mano, podrás considerarte ganador, tu gato quería ese contacto. Si por el contrario aparta su cabeza o incluso te muerde, sabrás que no es el momento.

«Pilar, pero es que con mi gato nunca es el momento, nunca se deja acariciar».

Esto es más normal de lo que parece, y desgraciadamente nos toca a nosotros aceptarlo. Si tu gato de pequeño no recibió una correcta socialización y/o tiene una herencia desfavorable al respecto, debemos aceptarlo y respetarlo.

Sé que es duro, créeme, he tenido un gato así, y al principio fue frustrante, yo quería que todo el cariño y amor que había puesto en él me fueran devueltos, pero, por desgracia, y como hemos visto, no es así como funciona. Con paciencia, comprensión y empatía aprenderás a quedarte con el cariño que ese gato te brinda a su manera.

Cuando tu gato decide descansar cerca de ti en la misma habitación te está demostrando su cariño, cuando tu gato te sigue a todas partes en tu casa te está demostrando su cariño, cuando le dedicas unas palabras suaves a tu gato y te parpadea lentamente te está mostrando su cariño, así que hagamos un ejercicio de gratitud por esos pequeños detalles y aprendamos a valorarlos pues, aunque para nosotros no sea suficiente, para ellos es su manera de decirte «te quiero».

Ahora bien, para multiplicar las posibilidades de que tu gato acepte una caricia, debemos saber dónde darla. Las partes más comúnmente aceptadas por los gatos son la barbilla, la cabeza, detrás de las orejas y la línea del lomo. Toda caricia que des fuera de esas zonas tendrá muchísimas más probabilidades de ser rechazada.

Ni qué hablar hay de la barriga. La barriga es una zona completamente prohibida en los gatos, pues es la parte más vulnerable y la que suelen atacar otros gatos en las peleas, por lo que debemos evitar tocarla.

«Pilar, es que me enseña la barriga, quiere que se la toque».

Que enseñe la barriga es un signo de confianza plena, piénsalo, te está mostrando su parte más vulnerable, pero pocos gatos he visto que disfruten de una caricia en la panza. Cuando tu gato te enseñe la barriga no aproveches para tocarla, porque estarás destruyendo la confianza que tu gato ha puesto en ti.

Con toda esta información ya puedes gestionar las sesiones de mimos con tu gato, recuerda, si quieres una relación de confianza y respeto con tu gato, haz el ejercicio que te he propuesto más arriba, establece el límite de caricias de tu gato e intenta siempre parar antes.

El castigo, ¿es realmente eficaz?

A ntes de comenzar a explicaros todo sobre el castigo en gatos quiero haceros un *spoiler* para que quede claro desde el minuto uno.

No, el castigo no es eficaz, ni deseable, ni compatible con el bienestar de nuestro gato.

Primero de todo, hemos de recordar un concepto del que ya hemos hablado anteriormente. Los gatos no hacen lo que nosotros conocemos como travesuras o trastadas para fastidiarnos. Todo comportamiento de tu gato o bien es una necesidad básica, para lo cual ya hemos dedicado una serie de capítulos, o bien es una llamada de atención.

Las llamadas de atención de tu gato significan básicamente estas cosas:

— Tengo hambre/sed.
— Mi arenero no está a mi gusto.
— Tengo frío/calor.
— Quiero atención/juego.
— Tengo dolor.

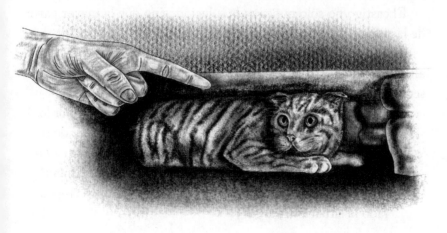

Como ves, todo tiene un por qué. Entonces, ¿cómo crees que se siente tu gato si él realiza una llamada de atención y tú le gritas/regañas/golpeas o echas agua?

Probablemente se sienta muy confundido, de base, y además empezará a relacionarte con esas malas experiencias, por lo que es probable que vuestro vínculo se resienta y la botella de la confianza termine siendo un colador.

Cuando tu gato haga algo que no te guste pregúntate varias cosas:

¿Es una necesidad básica? Te las recuerdo: comer, beber, arañar, descansar en lugares altos, explorar, cazar... Si es así, dale herramientas para cubrir estos requerimientos.

¿Es un comportamiento nuevo? Vigila que su estado de salud sea el adecuado, lo más recomendable es que tu gato visite el veterinario para un chequeo general al menos una vez al año. Todo cambio en el comportamiento habitual de tu gato debe hacer que, al menos, nos pongamos en alerta, y lo vigilemos de cerca. Recuerda, los gatos esconden sus signos de enfermedad, por lo que tenemos que adelantarnos a los problemas.

¿Es un comportamiento destructivo lo que te molesta? Chequea qué puede estar queriéndote decir tu gato, qué falta o qué sobra, y para eso una revisión del ambiente y del manejo de tu gato con un especialista es lo más recomendable. Te ofrezco mi ayuda.

El castigo no solo nunca es la solución, sino que la mayor parte de las veces empeorará la situación. Imagina esto:

Tu gato se sube a la encimera de la cocina (necesidad básica, las alturas) y tú vas a bajarle cada vez que le ves. ¿Cuáles son las consecuencias de hacer esto?

1.o Tu gato se subirá únicamente cuando tú no le veas, por lo que el comportamiento persistirá, aunque no delante de ti.

2.o Tu gato aprenderá que cuando él se sube, consigue tu atención, de modo que probablemente se subirá a la encimera cada vez que quiera atención. Y así es como hemos empeorado la situación.

«Vale, Pilar, pero entonces, ¿qué hacemos con los comportamientos que no nos gustan?».

La mejor manera de que terminen es, una vez que hemos comprobado que a nuestro gato no le falta de nada y que no tiene un problema de salud, ignorarlos.

Ignorar una conducta es la mejor manera de conseguir que esta no se repita, porque tu gato irá observando que no obtiene nada productivo cuando la hace, por lo que probablemente termine abandonando esa conducta.

El castigo es la mejor manera de cargarnos la relación con nuestra mascota. Ellos no lo entienden como tú quieres, solo entienden que tú estás muy enfadado, recuerdan que han tenido una mala experiencia contigo y sospechan que, a lo mejor, no eres de fiar.

Siento si mis palabras suenan duras, pero es muy importante que entendamos esto, porque es el bienestar de tu gato el que está en juego, y, por consiguiente, el tuyo.

El descanso y el acicalado, ¡un momento sagrado!

Para tu gato, igual que lo es para cualquiera de nosotros, el descanso es un momento sagrado. Los gatos duermen unas 18 horas diarias, sí, como lo oyes, pasan buena parte del día durmiendo.

¿Y por qué tanto?

Como sabemos, en la naturaleza los gatos son animales solitarios, que no están respaldados por una manada, por lo que deben asegurarse de que durante el tiempo que pasen despiertos dispondrán de la máxima energía. Esto es necesario por si se presenta la oportunidad de atrapar a una presa o por si se ve obligado a huir de algún peligro.

Por tanto, hemos de saber que los ratos de descanso son sagrados para nuestro gato. Sin embargo, no todas las siestas que tu gato echa son iguales. La postura en la que los gatos duermen es muy importante y nos ofrece mucha información sobre el estado de nuestro gato.

La postura de *croissant*, por ejemplo, nos indica que el gato quiere preservar al máximo su calor corporal, por lo que puede que sienta algo de frío. Además, es una postura en la que tu gato está protegiendo su zona más vulnerable, la barriga, de manera que no debemos molestarlo. Cuando tu gato duerme con las patas delanteras debajo de su cuerpo, nos indica que está alerta y preparado para salir corriendo si fuera necesario, por tanto, este tipo de siestas suelen ser superficiales.

La postura más deseada es panza arriba, con todo el cuerpo estirado. Cuando nuestro gato nos deleita con esta postura, nos está indicando que está cómodo, que se siente seguro con nosotros

y que no tiene dolor. Esto último es muy importante, ningún gato con dolor dormirá en esta postura. Recuerda, no aproveches para tocarle la barriga cuando esté así, o toda la confianza depositada en ti puede desaparecer.

¿Alguna vez has visto a tu gato dormir con sus patas en la cara? Esta postura es adorable y nos indica que nuestro gato no quiere ser molestado.

Un gato que duerme de lado es un gato que se siente cómodo, y que probablemente esté echando una siesta bastante profunda. Además, aunque no enseñe la barriga del todo, también se siente seguro si duerme en esa posición.

¿Alguna vez tu gato ha usado el arenero para dormir? Esto, desgraciadamente, es mala señal. Cuando un gato duerme en el arenero siente que no está seguro, posiblemente hay algo que le cause incomodidad, y también existe la opción de que haya algún problema de salud. Recuerda, si tu gato duerme de esta manera, no dudes en ponerte en manos de un especialista para encontrar la causa y así poder ponerle solución.

Las siestas son un momento del día muy importante para tu gato, intenta no molestarlo cuando esté durmiendo y, si quieres acariciarle, pídele permiso, como ya hemos aprendido en capítulos anteriores.

Otro de los momentos clave en el día a día de tu gato es el acicalado. Los gatos se acicalan durante gran parte del día y esto tiene una serie de funciones muy importantes.

La primera es la de arreglar el pelaje. Los gatos producen grasa en su piel, igual que nosotros, y mediante el acicalado la redistribuyen sobre todo el pelaje. Además, mantienen su manto en buen estado y libre de nudos o enredos. Un gato con buena salud es un gato que se preocupa de mantener su pelaje limpio y brillante.

Otra de las funciones clave del acicalado es la regulación de la temperatura corporal. Cuando el gato deposita la saliva en el pelo, este se humedece y, al evaporarse, la temperatura de su cuerpo se regula.

Algo muy importante que no podemos pasar por alto es el exceso o el defecto de acicalado. Un gato que se acicala demasiado probablemente esté estresado por algún motivo. Esto es como cuando nosotros nos arrancamos pellejos de los dedos o nos mordemos las uñas, son comportamientos compulsivos y debemos ponernos en manos de un profesional para averiguar qué está ocurriendo.

Además, los gatos se acicalan en la zona en la que les duele, así como nosotros nos masajeamos, pues está comprobado que el estímulo mecánico, es decir, el contacto, alivia la sensación de dolor. Por eso, debes estar muy atento a estos comportamientos en tu gato, pues requieren de la visita inmediata a un especialista.

Recuerda, todo cambio de comportamiento en tu gato debe, como poco, ponerte en alerta.

La llegada de un bebé

Es normal que cuando una Karen (así se llaman las dueñas de gatos) se entere de que está esperando un bebé surjan muchas dudas en su cabeza respecto a su gato.

¿Se adaptará bien? ¿Tendrá celos? ¿Hay alguna precaución que deba seguir durante el embarazo?

Pues bien, hay mucha desinformación respecto a este tema e incluso hay parejas que han llegado a abandonar a su gato cuando han sabido que ella estaba embarazada. Esto no es necesario, por favor, solo hay que estar bien informados y conocer a nuestro gato.

Lo primero con lo que debemos tener cuidado es con la toxoplasmosis, este es un parásito que puede encontrarse en las heces de tu gato, por lo que hay ciertas cosas que debes contemplar.

Si es posible, que no sea la mujer embarazada la que limpie el arenero, y que evite tener contacto con las heces. Por lo demás, a no ser que tengas una afición oculta de manipular las heces de tu gato

y luego comer sin lavarte las manos, no hay nada que debas temer. De verdad, pongámosle cabeza al asunto, solo estás en peligro si ingieres el microorganismo.

Por otro lado, es posible que dudes sobre cómo se va a adaptar tu gato al bebé. Pues bien, para este proceso no solo debemos tener en cuenta al recién nacido, sino a todo lo que acompaña su llegada.

El carrito, la cuna, la trona o incluso la habitación del bebé. Todos estos son cambios que iremos incorporando a la casa en el transcurso de los nueve meses y que irán haciendo que tu casa sea distinta, y así lo percibirá tu gato.

Es importante que sea un proceso progresivo, es decir, intenta no traer todos los muebles a la vez y que, por tanto, de un día para otro tu casa sufra un cambio radical. Lo ideal es que todas estas transformaciones vayan haciéndose de manera paulatina, de forma que tu gato pueda ir aceptándolos y reconociéndolos como familiares, sin causarle demasiado estrés.

Si traes algo nuevo a casa y ves a tu gato oliéndolo con curiosidad, no te olvides de recompensarle (*snacks*, una palabra suave, mimos, juego…), pues nuestra intención es que nuestro gato entienda que todo lo relacionado con el bebé es positivo.

Además de todo el mobiliario, el bebé traerá consigo nuevos sonidos, por lo que lo recomendable es que vayamos habituando a nuestro gato a esos ruidos poco a poco.

¿Por qué es esto importante? Lo cierto es que los gatos son animales neofóbicos, es decir, con miedo a lo desconocido. Por supuesto, unos más y otros menos, pero en su naturaleza está el actuar, por lo menos, con prudencia ante los nuevos estímulos que puedan llegar a sus vidas.

Por tanto, el sonido de un bebé es algo que, si no nos hemos encargado de que oiga muchas veces desde pequeño, le va a resultar extraño.

Con esto que voy a contar a continuación no pretendo asustar a ninguna futura mamá, pero creo que es necesario concienciar sobre la importancia de la habituación a nuevas percepciones.

Se han dado casos de gatos que atacan al bebé cuando este llora. Esto lo hacen por miedo, es una agresividad de tipo defensiva, y debemos saber que existe, pero también que podemos evitarla.

¿Cómo lo hacemos? Lo ideal es que busquemos vídeos en YouTube de todos los sonidos que realizan los bebés, sobre todo de los más fuertes, que son los que más pueden sorprender a tu gato.

La idea es que vayamos exponiéndole a estos estímulos progresivamente, primero a un volumen muy bajo y siempre asociado a recompensas. Cuando notemos que nuestro gato va pasando de este ruido, podemos ir incrementando el volumen, hasta poder ponerlo en el más alto sin que nuestro gato tenga ninguna reacción brusca. Esto es un ejercicio para hacer poco a poco, tómate 10 minutos todos los días.

Y sí, soy consciente de que un vídeo de YouTube no es lo mismo que el llanto real de un bebé, pero es lo más parecido que podemos hacer a diario antes de su llegada.

Además, es interesante que, una semana antes de la fecha aproximada de llegada del bebé, pongamos un difusor de Feliway Optimum®, las feromonas de las que ya os he hablado anteriormente, lo que le ayudará a afrontar todos los cambios con mucho menos estrés.

El día del parto y los días siguientes antes de volver a casa son cruciales. Si es posible, sería muy conveniente que alguien volviera a casa durante la estancia en el hospital y trajera consigo un *body* usado del bebé. Nada de un pañal usado, por favor, no es necesario. Lo ideal es que dejemos este *body* al alcance del gato, de manera que pueda olerlo antes de que el bebé entre en casa.

Esto ayudará al gato a ir acostumbrándose al olor de la criatura, al menos durante unas horas antes de que toda la familia vuelva a casa.

El momento de entrada en casa es importante. Lo más recomendable es que, en primer lugar, entre la mamá sin el bebé en brazos, de manera que al saludar al gato, este pueda olfatear los olores nuevos que trae e irse habituando. Si cuando tu gato te huela permanece tranquilo, ten a mano un *snack* para recompensarle. Cuando esto esté superado, que entre el papá con el bebé en brazos.

Observad cómo reacciona, si se mantiene relajado y curioso, dejad que huela el bebé. Es importante que si lo hace, volvamos a recompensar, ya sabéis, lo que cada uno sepa que le gusta a su gato.

«¿Y qué hago si mi gato reacciona mal o se asusta?».

En este caso, no debemos forzar al gato a tener contacto con el bebé, lo más inteligente es dejarlo tranquilo, incluso si fuera necesario, crear una habitación con todas sus cosas donde él se sienta seguro.

He llevado muchos casos de mamás embarazadas y hasta ahora, por fortuna, todos han ido fenomenal. Pero debemos saber que esto no siempre es así, si notáis a vuestro gato excesivamente asustado, lo mejor será que os pongáis en manos de un especialista lo antes posible.

¿Transmitimos nuestras emociones a los gatos?

Sí, sí, sí y mil veces sí.

Muchas personas pueden pensar que los gatos son animales simples, que están por casa, comen, duermen, juegan de vez en cuando y maúllan, pero un gato es mucho más que eso.

Tu forma de vivir, de reaccionar ante las cosas, de hablar y de moverte tienen una alta influencia en tu gato.

Esto no es algo que yo me haya inventado, de hecho, hay estudios que demuestran que el estado mental del tutor tiene una gran repercusión en el estado mental de su gato.

Pero ¿cómo afecta esto en el día a día?

Pues literalmente en todo. Y saberlo nos otorga una herramienta superpoderosa. No exagero, de verdad.

Te voy a poner un ejemplo práctico, para que lo entiendas, y, de hecho, puedes hasta practicarlo en casa, solo una vez, para que veas lo que ocurre y así me creas.

Te voy a ilustrar una misma situación con dos posibles desenlaces.

Imagina que estás en tu casa por la tarde-noche, sentado en el sofá tranquilamente, viendo la televisión o leyendo un libro, y que tu gato está tumbado plácidamente a tu lado. La tarde está tranquila y no hay ruidos en la calle que os molesten. Ahora imagina que de repente se escucha un sonido extraño en la calle.

Aquí hay dos posibles maneras de reaccionar. La primera es ignorarlo, hacer como que no pasa nada y seguir con lo que estabas haciendo, como si nada hubiera ocurrido.

¿Cómo crees que va a reaccionar tu gato ante esta respuesta por tu parte?

Pues (a no ser que tu gato tenga un problema muy importante de miedo a ruidos), probablemente, aunque en un principio gire su cabeza y/o sus orejas hacia el origen del estruendo, al cabo de unos segundos seguirá con su importante labor de descansar en el sofá.

¿Por qué crees que el gato reaccionaría así? Pues porque es lo que tú le has transmitido. Al no darle importancia al ruido y no responder, tu gato, que es un espejo en el que te reflejas, ha visto que no tiene importancia y ha permanecido tranquilo.

Ahora imagina que ante el mismo ruido te sobresaltas, tu corazón se acelera, te pones nervioso y tu expresión corporal lo demuestra, incluso te incorporas un poco en señal de alarma.

¿Crees que tu gato se quedaría tan tranquilo? Por supuesto que no, muy probablemente tu gato se sobresaltará, se pondrá en alerta e incluso puede que huya a esconderse.

Su mente funciona tal que así: «Dios mío, mi humano se ha puesto muy nervioso, algo muy malo debe ocurrir, debo ponerme en alerta».

Y así, querido lector, con todo.

El nerviosismo, la alegría, la tristeza, el enfado… Todas y cada una de nuestras emociones son percibidas por nuestro gato, y eso es algo que puede ser muy bueno, o, por el contrario, muy malo.

Pero no vamos a ser negativos. Antes te he contado que esto podía ser una herramienta muy importante, pero ¿en qué sentido?

Puedes usar esta influencia en tu gato para ayudarlo a aceptar nuevos estímulos fácilmente.

Por ejemplo, si estás en proceso de presentarle otro gato (proceso, por cierto, que debes hacer de la mano de un especialista) y tu actitud cuando se ven es relajada, hablas con voz suave, te mantienes tranquilo y le recompensas, tu gato va a pensar que no hay nada que temer y, por lo tanto, es mucho más probable que lo acepte.

De este modo, puedes hacer que todo aquello que a tu gato, *a priori*, le de miedo, deje de ser algo tan terrorífico solo gracias a actuar con plena normalidad ante esos estímulos.

Prueba esto con cada objeto o persona nueva que vayas a presentarle a tu gato, y después me cuentas, estaré encantada de escuchar cómo te ha ido.

Así que si alguna vez habías notado algo de lo que te he contado y has dudado de si ciertamente podemos transmitir nuestras emociones a los gatos, no lo dudes ni un segundo más, porque la respuesta es un rotundo sí.

Afrontando la pérdida
de un compañero

Para nosotros, perder a un compañero de vida como es nuestro gato puede ser de las situaciones más difíciles que afrontemos.

Yo misma no puedo siquiera imaginar el día en el que Curry ya no esté, aunque desgraciadamente ese momento llegará.

Para nuestros gatos, esto funciona igual. Desde hace un tiempo se sabe que los animales son seres sintientes, y no van a quedarse impasibles ante la pérdida de un compañero.

Por eso, es muy importante saber cómo actuar en esta situación, de manera que facilitemos al máximo a nuestro gato afrontar ese duelo, haciendo este proceso así también más fácil para nosotros.

Los gatos, debido a su naturaleza, son animales que necesitan despedirse de sus compañeros cuando estos ya no están.

Sí, como lo oyes, debemos dejar que nuestro gato, si es posible, se despida del cuerpo de su compañero, por lo que debes esperar un poco hasta retirarlo, para asegurarte de que ha tenido su tiempo.

Normalmente suelen olerlo, e incluso pueden llegar a lamerlo, pero no te preocupes, es parte del proceso y así es como debe ser.

Después, una vez que su compañero ya no está de cuerpo presente, empezará el proceso de duelo. Es importante reconocer cuáles son los signos de que un gato está en duelo. A continuación, te nombro los más frecuentes:

— Pérdida de apetito.
— Aumento de los maullidos.
— Falta de actividad.
— Aumento de las horas de sueño.
— Lamido excesivo.

Estas son solo algunas de las señales, y para considerar que un gato está en duelo no hace falta que se den todas.

Por eso, es importante vigilar bien a nuestro gato durante este proceso, de manera que identifiquemos rápidamente el problema y podamos poner medidas para su resolución lo antes posible.

Lo primero que quiero que quede muy claro es que querer reemplazar la ausencia de un compañero con otro gato es un error (y muy frecuente, además). Esto no es para nada recomendable, y te explico por qué.

Para tu gato, la pérdida de un compañero supone un momento de angustia. Introducir muy pronto un nuevo gato en casa solo va a hacer que añadamos un factor estresante más, pues lejos de lo que pudiera parecer, es improbable que lo acepte rápidamente y que se convierta en su mejor amigo. Por favor, es un momento duro para nuestro gato (y para nosotros), no se lo pongamos más difícil.

Lo mejor que podemos hacer para compensar de alguna manera la pérdida de ese compañero es procurar que nuestro gato tenga todo lo que necesita, cuando lo necesita y que los momentos gratificantes sean frecuentes en su día a día. Me explico.

Si tu gato come una lata de comida húmeda al día, puedes tratar de dividirla en distintas porciones, de manera que ese momento de felicidad ocurra dos o tres veces, en vez de una.

Trata de aumentar los momentos de juego con tu gato y recompénsalo con un *snack* al final. Esto hará que el vínculo que tienes con tu gato se fortalezca y de esa forma compensamos también, aunque sea un poco, la ausencia de su amigo.

Además, ni qué decir tiene que tu gato debe tener todos sus recursos a punto de manera que todas sus necesidades estén correctamente cubiertas.

Otro punto que tener en cuenta, y del que ya hemos hablado alguna vez, son las rutinas. Los gatos son animales de rutinas y se sienten seguros dentro de ellas. Procura que los hábitos de tu gato no se vean afectados, y trata de reemplazar los momentos que pasaba con el otro gato por momentos contigo, de manera que note lo mínimo posible su ausencia.

El tiempo que va a tardar tu gato en recuperarse,

desgraciadamente, no es algo que yo pueda desvelarte. Cada gato es único y en el factor tiempo influyen algunas variantes sobre las que no tenemos control.

Eso sí, procura seguir estos consejos y respetar sus tiempos. Si después de esto notas que, por mucho que pase el tiempo (podríamos estar hablando de meses), tu gato no se encuentra cada vez mejor, acude a un profesional.

Dormir con tu gato, ¿es recomendable?

Dormir o no dormir con el gato es una consulta que me llega de forma frecuente a los mensajes directos de mi cuenta de Instagram.

Lo cierto es que no hay una respuesta correcta, está bien tanto si quieres como si no quieres dormir con tu gato, no hay ningún problema.

Yo, por ejemplo, no duermo con Curry, y no por eso quiero menos a mi gato. Desde el día uno que llegó a mi casa, llega cierta hora en la noche en la que la puerta de mi habitación se cierra y no se abre hasta el día siguiente.

La verdad es que soy una persona con el sueño muy ligero, que con cualquier movimiento me despierto, y no descansaría si tuviera a mi gato saliendo y entrando, o subiendo y bajando de la cama. Esto es algo que Curry tardó algunos días en aprender, pero muy pronto se dio cuenta de que así es como sería siempre y, hasta hoy, no ha tenido ningún problema con ello.

Pero vamos a revelar unas cuantas salvedades, pues hay ciertas cosas que debemos tener claras para que esto sea viable.

Lo primero es algo de lo que ya hemos hablado en capítulos anteriores, y es que las necesidades de tu gato deben estar correctamente cubiertas una vez que cerremos la puerta de la habitación.

A tu gato no puede faltarle comida, agua, sus areneros bien limpios y zonas de descanso y juego en las que pueda llevar a cabo sus conductas naturales.

Lo segundo es ser consistentes. Algo que no deberíamos hacer es lo siguiente:

«Hoy te cierro la puerta porque no quiero que me molesten, pero mañana quizá no me importe y puedes dormir conmigo».

Si hacemos esto lo único que conseguimos es confundir a nuestro gato, o siempre fuera con la puerta cerrada, o siempre con la opción de entrar. Seamos coherentes.

Esto es importante porque, como ya os he comentado en otros capítulos, a los gatos les estresa mucho ver una puerta (que algunos días está abierta) cerrada. Ellos necesitan saber lo que está ocurriendo al otro lado, pues necesitan tener el control de lo que sucede en todo su territorio para sentirse seguros, y, por lo tanto, es posible que maúlle para que le abras. Sin embargo, si nosotros somos constantes, podemos enseñarles que por la noche esa puerta permanecerá cerrada y simplemente se acostumbrarán a ese hecho.

Si, por el contrario, no tienes ningún problema, y tu gato puede entrar y salir de tu habitación por la noche, no debes preocuparte por nada. De hecho, dormir con tu gato reforzará vuestro vínculo, pues compartir momentos de descanso es una de las conductas que realizan los gatos para procurar que el grupo social se mantenga unido.

Ya sabes, dormir o no dormir con tu gato es completamente tu elección, pero sé coherente y no lo confundas.

¿Cómo logramos que nuestro gato se acostumbre a estar fuera por la noche? ¿Qué pasa si no deja de maullar?

Este es un tema extenso, con más importancia de la que parece, que merece todo un capítulo. ¡El siguiente lo dedicaremos a resolver estas dudas!

¿Por qué mi gato...?

Está muy activo
por las noches

Lo primero que debe quedarnos claro es que los gatos son animales crepusculares, es decir, su momento de más actividad ocurre al anochecer y al amanecer. Ellos, en la naturaleza, aprovechan estos momentos de menos luz y mayor tranquilidad para cazar.

Como ya sabes, porque lo hemos recalcado varias veces a lo largo de este libro, los gatos domésticos no se alejan mucho de sus parientes salvajes, por lo que lo normal es que estas sean las horas más activas de tu compañero felino.

Normalmente, los gatos que viven con nosotros en casa suelen adaptarse a nuestros horarios, y acaban adquiriendo hábitos de dormir por la noche y estar más activos por el día.

«Eso quisiera yo, Pilar, mi gato por la noche no me deja dormir».

Lo sé, soy plenamente consciente de que muchos de vosotros vivís con este problema. Y esto es realmente un gran contratiempo. No descansar por culpa de tu gato solo hace que vuestra relación se deteriore. Por mucho que queramos a nuestro gato, es humano que salgan nuestros instintos más primarios cuando nos despiertan sistemáticamente todas las noches.

Pero he de decirte, querido lector, que esto tiene solución.

Para empezar, debemos hacer una diferenciación, ¿tu gato siempre ha maullado o arañado las puertas de noche?, ¿o por el contrario no lo hacía y de repente ha empezado a hacerlo?

Si vuestro caso es el segundo, no os quiero alarmar, pero lo primero es una visita al veterinario. Esto se considera un cambio de comportamiento que en muchísimos casos es indicativo de que algo no va bien, de hecho, hay enfermedades relacionadas con la conducta de maullar por la noche, como el hipertiroidismo o la hipertensión arterial.

Nunca infravalores este cambio de comportamiento, y menos en gatos mayores de ocho años. Si este es tu caso, avisa a tu veterinario y agenda una cita.

«Pilar, mi gato está perfecto de salud y maúlla de noche igualmente».

Esta es la otra opción, y es algo que, con paciencia, podemos solucionar.

Hay muchas razones por las que tu gato puede maullar de noche, pero la más común es la llamada de atención. Te voy a describir una situación bastante típica con la que quizás te sientas identificado:

Te vas a dormir, cierras la puerta de la habitación y, al rato, tu gato maúlla o comienza a arañarla. Tú, cansado de los maullidos, te levantas para ver qué ocurre, ves que está todo bien, tiene todas sus necesidades cubiertas, pero le das un poco de comer para que se quede conforme y tranquilo. Puede que ni siquiera le des de comer, que simplemente te levantes, vayas a ver qué ocurre, estés un rato con tu gato para que se quede tranquilo y al rato vuelvas a acostarte.

¿Qué estamos enseñándole a nuestro gato con esto?

«Oye, que, si maúllo cuando cierra esta puerta por la noche, va a venir, y si tengo suerte hasta me dará comida, pues a maullar se ha dicho, oiga».

Imagina que muchas de las veces no te levantas, pero algunas, por el cansancio y el hartazgo de la situación, terminas levantándote a ver qué ocurre.

Lo que tu gato piensa entonces:

«Bua, qué juego más guay, yo maúllo, y a veces viene y otras no, ¿qué pasará hoy? ¡Qué intriga! ¡A maullar se ha dicho!».

¿Te suena esto de algo? Se llama refuerzo intermitente, a veces sí, y a veces no, y es tremendamente adictivo y entretenido para tu gato.

¿Entiendes ahora cuál es el problema? Si nosotros nos dedicamos a levantarnos y hacer caso a sus llamadas, estamos enseñándole a nuestro gato que su técnica funciona, y que va a conseguir que te levantes (lo cual es su objetivo) cuando él maúlle.

¿Cuál es entonces la solución?

Lo primero es asegurarnos de que nuestro gato tiene todas sus necesidades cubiertas. Con esto no me refiero únicamente a comida, agua y arena, me refiero a entretenimiento, exploración, juguetes interactivos, zonas altas y rascadores.

Una vez que hemos comprobado que tiene todas estas opciones, la solución es, una vez más, ignorar el comportamiento. Se trata de hacerle entender a tu gato que no va a conseguir nada si maúlla.

Desgraciadamente, esto no se consigue de un día para otro. De hecho, los primeros días en los que empieces a ignorar esta conducta tu gato maullará más fuerte. «No me oye», pensará.

Toca ponerse unos tapones en los oídos y, si se diera el caso, hablar con los vecinos para pedirles un poco de comprensión y paciencia. Si somos constantes, más tarde o más temprano este comportamiento cesará.

Pero recuerda, no ignores estos maullidos hasta que no hayamos descartado todas las posibles causas. Una vez que sepamos que únicamente lo hace buscando tu atención, es el momento para realizar este ejercicio.

Ánimo, con constancia y paciencia puedes llegar a resolver esta situación tan incómoda.

Cava en el suelo
al lado del comedero

· ·

Esto es algo que, prácticamente, todos los gatos hacen, y que genera mucha curiosidad en nosotros.

¿Qué hace? ¿Se ha vuelto loco? ¿Tiene algún problema?

Nada de eso. Hay dos razones principales por las que tu gato rasca el suelo al lado del comedero.

La primera es, básicamente, instinto de supervivencia. Como ya hemos comentado varias veces, los gatos salvajes y los «domésticos» no se diferencian tanto, y aquí tenemos otra prueba de ello. Cuando tu gato se dedica a cavar, como queriendo tapar la comida, lo hace para que otro depredador no pueda oler el rastro de la comida y quitársela, está intentando tapar su olor para poder comerla más tarde y que ningún otro animal la huela y se la lleve.

«Pero si nadie se la va a quitar».

Efectivamente, pero su instinto le impulsa a hacerlo, y contra los instintos felinos no podemos luchar. Contra esto no hay nada que hacer, así que no es un comportamiento por el que debamos preocuparnos o que debamos tratar de evitar.

Eso sí, procura que la comida no pase un tiempo excesivo en el comedero de tu gato, porque probablemente se enrancie y pierda el olor, lo que puede causar que tu gato la rechace.

La segunda razón por la que tu gato cava en la comida es por su olor. Es posible que tu gato encuentre en su comida un aroma que no le termina de agradar, por lo que intentará echarle algo encima para enmascarar o tratar de cambiar ese olor.

«Y entonces, ¿cómo sabemos cuál es la razón?».

Siempre que tu gato tenga comida fresca (recién puesta, y no una lata que no se comió y lleva un día entero ahí), que su comedero esté limpio (recuerda limpiarlo con frecuencia o de lo contrario puede ser un nido de microorganismos) y que la coma sin problemas, no hay ninguna razón para pensar que hay algo que le huele mal en la comida. Algunos gatos son bastante especiales con el alimento, sobre todo aquellos que no tuvieron la oportunidad de probar distintos sabores y texturas durante su periodo de socialización, por lo que, si no les gusta algo, nos lo hacen saber rápido.

Este comportamiento de cavar no es problemático y no es algo que debamos evitar que haga, ellos se quedan tranquilos, se trata de una necesidad básica más, así que simplemente comprueba que todo esté correcto en torno a su lugar de alimentación e ignora esta conducta.

Caza presas
y las trae a casa

os gatos son animales cazadores por naturaleza, eso lo sabemos todos. Basta con mover un cordón delante de ellos para que dilaten las pupilas y se agazapen para acechar a la presa.

Esto, como el resto de los instintos, es algo que ha permanecido en ellos. Los gatos saldrán de caza aunque tengan comida en casa de la mejor calidad posible. Su instinto los anima a ello y, además, como ya sabéis, un gato no espera a tener hambre para cazar.

En la naturaleza, si se movilizaran únicamente por hambre, correrían el riesgo de quedarse con las ganas, pues no todas las sesiones de caza son fructíferas. Sin embargo, si cazan cuando se les presenta la oportunidad, siempre tendrán un bocado que comer y nunca tendrán esa sensación de apetito inminente.

¿Por qué nuestro gato caza y lo trae a casa?

Siempre se ha dicho que cuando un gato te trae una presa a casa es porque te está haciendo un regalo, pero esto no es del todo así. Tenemos que activar los sentidos felinos y pensar como uno de ellos.

Imaginaos que sois un gato, estáis en la calle y acabáis de cazar un ratón. Si comenzáis a coméroslo allí, es posible que aparezcan otros gatos u otros animales atraídos por el olor. Además, si vuestra presa aún sigue viva, puede que se os escape mientras intentáis que no os la quiten. ¿Cuál es la mejor forma de poder disfrutar de ese bocado con tranquilidad? Llevarlo a casa.

Nuestros gatos nos traen las presas a casa porque saben que es un lugar seguro para poder terminar de matarlas (por muy mal que suene, así es) y poder disfrutarlas tranquilamente.

Incluso hay gatos que no las matan, solo las traen vivas, se dedican a jugar un rato con ellas, y después se aburren y te dejan a ti el regalo en casa. Esto ocurre por lo mismo, tu gato no tenía

intención de comérsela, sino de entretenerse un rato, y prefiere hacerlo en la seguridad del hogar.

«Cuando me aburra, pues ya te apañas tú con esto que he traído», pensarán ellos. Así son y así debemos quererlos.

Tiene ataques de locura

No hay un día en la vida de nuestro gato en el que no pase un rato corriendo como un loco por toda la casa. Se sube por los sofás, salta por encima de las mesas y las sillas, sube, baja…, y a la velocidad del viento, ahora lo ves, ahora no lo ves.

«Mi gato se ha vuelto loco», es lo primero que pensamos. Pero nada más lejos de la realidad.

Estos momentos se corresponden con picos de adrenalina en el organismo de tu gato. Estos picos de adrenalina hacen que comience a correr por todas partes para así «gastar» toda la hormona de la activación que le sobra. Después de un rato nuestro gato se cansa y vuelve a ser el mismo.

Pero ¿por qué esos picos de adrenalina? ¿Hay un problema con nuestro gato? ¿Está enfermo?

Nada de eso. En la naturaleza, los gatos tienen muchos momentos al día en los que gastan esa adrenalina, momentos de caza, momentos de acecho, de huida… Se podría decir que su vida es muy interesante en la naturaleza.

En casa, sin embargo, nuestro gato no se enfrenta ni a la mitad de situaciones de las que acabo de nombrar, por lo que toda esa adrenalina que no gasta, la acumula.

Llega un momento del día, que suele ser justo al levantarnos o por la tarde-noche, coincidiendo con su momento más activo, del cual ya hemos hablado, en el que tu gato tiene que liberar toda esa adrenalina.

Como te acabo de comentar, la vida en casa no es igual de estimulante que en la naturaleza. Esto no quiere decir que debamos dejar salir a los gatos a la calle para que se entretengan más, pero sí es cierto que podemos hacer que su vida sea algo más interesante.

Dedica varios momentos del día a jugar con él, preséntale objetos nuevos, cambia de comida cada ciertos meses (siempre poco a poco), practica sesiones de adiestramiento...

Hay muchas cosas que podemos hacer para aportar algo de gracia a la vida de nuestros gatos, pero recuerda, siempre en pequeñas dosis, poco a poco y presentándoselo como algo genial.

Como ya hemos hablado, no estresar a nuestros gatos es muy importante, por lo que debemos saber medir y no pasarnos.

Saca el agua y la comida del recipiente

¿Te ha pasado alguna vez que tu gato monta la fiesta del agua con el bebedero, y lejos de beber la derrama y vacía el recipiente? ¿O has visto a tu gato sacar las bolitas de pienso y comérselas en el suelo?

Esto es un comportamiento más común de lo que pensamos y, una vez más, aunque pueda parecer que nuestro gato quiere fastidiarnos, esto no es ni mucho menos así. Hay varias razones por las que puede hacerlo.

La primera, respecto al agua, es una cuestión de cálculo. Los gatos, en los 15-20 centímetros más próximos a su cara, ven realmente mal. Hay que decir que, en general, la vista de los gatos no es precisamente buena, pero en ese espacio justo delante de sus narices es donde peor ven.

Por esta razón, tu gato no suele saber a qué nivel está el agua, por lo que usa una pata para comprobarlo.

«Vale, Pilar, pero es que la saca toda».

Cabe la posibilidad de que, si tu gato hace esto, haya encontrado un nuevo pasatiempo favorito y se lo pase pipa, pero antes de pensar en esto, hay que hacer algunas comprobaciones.

Lo primero y más importante es asegurarnos de que nuestro gato tiene agua limpia y fresca todos los días, ya sabemos lo que opinan los gatos del agua estancada y más si lleva varios días… «Que te la bebas tú, vaya».

Si el bebedero no le gusta, probablemente reaccione de esta manera. Además, los bigotes de los gatos, llamados vibrisas, son muy sensibles, y si rozan con los bordes, pueden sentirse molestos y, por tanto, querrán sacar el agua para disfrutarla fuera (aunque luego no la beban).

Este asunto de los bigotes está un poco en entredicho y no se sabe bien hasta qué punto es cierto que les molesta el borde de los recipientes. Recientemente, publicaron un estudio negando que esto fuera así, pero yo no me atrevo aún a negar o afirmar nada con rotundidad, así que mejor siempre tener recipientes con un fondo ancho y bordes bajitos, para curarnos en salud.

En lo que respecta al bebedero, las fuentes son la mejor opción, porque al beber de un chorrito, no hay borde que le roce. Y hablando de fuentes, esto también podría solucionar el hecho de que la derramen fuera, pues a veces es porque sienten que está «contaminada».

Este tema ya lo tratamos en un capítulo así que, si no te acuerdas bien, vuelve un poco atrás.

«Pilar, ya he comprobado que todo lo que has dicho se cumpla, y me he releído el capítulo donde hablabas del comedero y el bebedero, pero sigue haciéndolo».

Entonces déjame decirte que tu gato se lo pasa pipa haciendo eso, pon toallas alrededor, pero nunca le riñas, es más fácil que el comportamiento desaparezca si lo ignoras. ¡Buena suerte!

Frota su cabeza contra mí

En primer lugar, déjame decirte que, si tu gato frota su cabeza sobre ti, estás haciendo las cosas bien.

Como ya hemos visto, los gatos tienen una serie de glándulas que secretan feromonas distribuidas por todo su cuerpo. En concreto, están presentes en las sienes, la barbilla y las mejillas. Las feromonas que secretan no son las mismas en todo el cuerpo, son distintas y tienen diferentes funciones.

Esta es una forma muy importante a través de la cual tu gato se comunica. Ya hemos hablado en otros capítulos sobre otros tipos de feromonas, pero es importante que conozcas su importancia y cómo limpiar las zonas en las que tu gato marca puede ser estresante para él.

Las feromonas faciales se encargan de mostrarle a tu gato qué cosas de su entorno son familiares y debe reconocer como tal, por lo que, si limpiamos estas marcas, podemos quitarle a nuestro gato la sensación de que se encuentra en su hogar, y provocarle estrés.

Verás a tu gato frotándose por esquinas, muebles y por ti. Tu gato hace un lugar suyo en el momento en el que frota sus mejillas por él.

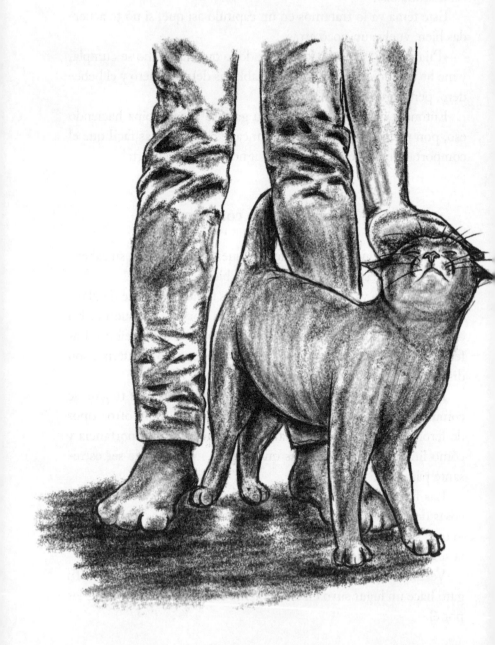

Por tanto, cuando tu gato presenta este tipo de comportamiento hacia ti, está marcándote como parte de su familia, de su entorno y para él significa seguridad, confort y bienestar.

Hay momentos del día en los que los gatos suelen estar más dispuestos a esto. Mi gato Curry, por ejemplo, es muy cariñoso por las mañanas, en cuanto nos levantamos y salimos de la habitación, él nos espera pacientemente y comienza su sesión de marcaje facial. Y es curioso, porque siempre busca nuestras mejillas para esto.

Como consejo, nunca impidas que tu gato se frote contra ti, pues puede interpretarlo como un rechazo, probablemente deje de hacerlo y, como consecuencia, vuestro vínculo se verá afectado.

Me sigue a todas partes

Todos los mitos que solemos escuchar sobre los gatos son siempre relacionados con su comportamiento independiente. Que si son demasiado suyos, que si no son como un perro que se deja acariciar siempre, que son ariscos, traicioneros…

Lo más curioso es que todas las personas que he conocido que afirman esto son justo las que nunca han tenido un gato. Si tienes la suerte de compartir tu vida con un gato, sabrás que de independientes tienen poco.

Lo normal es que nuestro gato esté con nosotros en la misma habitación, y vaya allá donde vayamos en nuestra casa. Como ya os he comentado, hay algo que yo digo siempre y es: «Ten un gato y no volverás a ir al baño solo». Ellos no conocen lo que es la intimidad, de hecho, si se te ocurre cerrar la puerta detrás de ti y no dejarle entrar en alguna estancia, escucharás sus maullidos de disconformidad.

Ya sabemos que los gatos necesitan tener el control total sobre su territorio para sentirse seguros, ellos deben poder ver lo que está

ocurriendo en cada estancia de la casa o, de lo contrario, pueden llegar a sentirse inseguros o frustrados.

La razón de que tu gato te siga a todos sitios es bien simple. Tú eres su dueño, con quien se siente seguro, y un miembro de su grupo social. Por tanto, para que el grupo social se mantenga unido debéis pasar tiempo juntos, ya sea manteniendo contacto o simplemente en la misma habitación.

A pesar de los mitos, tu gato te quiere, te echa de menos cuando no estás y disfruta de pasar tiempo contigo.

De igual forma, hay un tipo de apego que no es demasiado sano, ni para ti ni para tu gato, y es aquel en el que tu gato lo pasa mal cuando tú no estás. Algo así como la ansiedad por separación.

Por eso, para evitar este problema, debemos acostumbrar a nuestros gatos a pasar tiempo solos desde pequeños. Hablo de ratitos cortos, nada de dejar a nuestro gato solo durante un día entero o más.

Así que ya sabes, si vuelves a escuchar a alguien decir que los gatos son independientes, invítalos un día a tu casa para que comprueben la verdadera naturaleza de estos maravillosos animales.

Come lana, plásticos y cosas que no son comida

La ingestión de lana, plásticos, la propia arena de su arenero o, en definitiva, cualquier cosa que no sea un alimento se denomina «pica». Este es un problema serio que no debemos dejar pasar, hemos de ponernos en marcha para encontrar la causa.

Lo primero que debemos hacer si notamos que nuestro gato ingiere estas cosas es llevarlo al veterinario. Lo cierto es que hay algunas enfermedades que están estrechamente relacionadas con este tipo de conducta, por lo que debemos tomarlo con la seriedad que merece y acudir lo antes posible al veterinario.

Es importante que identifiquemos aquellas cosas que elige nuestro gato para comer y evitemos al máximo dejarlas a su alcance sin supervisión, o de lo contrario podemos sumar al problema ya existente un problema de obstrucción intestinal.

Los hilos o cuerdas suelen ser motivo de cuerpo extraño en gatos, y es importante que sepamos cómo actuar. Si se diera el caso

de que vemos un hilo asomando por la boca o el culete de nuestro gato, lo mejor que podemos hacer es meterlo en el trasportín y acudir de urgencias a nuestro veterinario de confianza. Nunca se nos debe ocurrir tirar del hilo, porque podemos lesionar el tubo digestivo.

Una vez que en el veterinario hemos descartado que nuestro gato sufra un problema médico (esto debe hacerse con, como mínimo, una exploración general y una analítica completa), debemos mirar el resto de motivos por los que tu gato puede tener este problema.

Existe cierto grado de predisposición racial en este tema. Los gatos de raza siamés o birmano tienen más probabilidades, por una cuestión genética, de presentar pica, por lo que es algo que debemos tener presente.

Además, los ambientes aburridos y pobres en estímulos hacen que nuestro gato busque cualquier cosa para entretenerse y, de esa manera, termina interesándose por comer aquello que no debe.

Otro factor predisponente a la pica es el destete precoz. ¿Recuerdas en los primeros capítulos la importancia de que el gato se críe con su madre y sus hermanos durante el tiempo suficiente? Pues bien, no es por gusto, realmente evitamos muchos problemas si hacemos un correcto manejo de los gatos desde que son muy pequeños.

El estrés es otra de las causas de esta conducta, por lo que, una vez más, como hemos ido repitiendo a lo largo del libro (pues es mucha la importancia), es crucial que nuestro gato viva en un ambiente libre de estímulos estresantes, y eso incluye la interacción con nosotros.

Recuerda, esta debe ser predecible y deseada por ambas partes.

Las deficiencias nutricionales solían ser una causa de pica, aunque hoy en día cada vez se descartan más. De igual forma, es importante que nos aseguremos que la dieta de nuestro gato incluye todos los nutrientes necesarios, y para ello lo mejor es ponernos en contacto con un veterinario especialista en nutrición que nos guíe adecuadamente.

Recuerda, nunca subestimes un comportamiento como este, dale la importancia que tiene, está en juego el bienestar de tu gato, y por consiguiente el tuyo.

Epílogo

Son varios años los que llevo dedicada al estudio, observación y adoración de los gatos, además, ya son muchas las familias felinas a las que he tenido el placer de ayudar, en algunos casos a adaptarse a nuevas situaciones, y en otros a resolver algunos problemas.

Todos y cada uno de los tutores de esos hogares multiespecie y yo coincidimos en una cosa, y es que nuestros gatos son miembros de nuestra familia, por los que nos preocupamos y a los que atendemos como tal.

Ciertamente, creo y afirmo sin que me tiemble la voz que aquellas personas que suelen decir cosas como «es que a mí los gatos noo…», poniendo a la vez una cara de rechazo, son personas que nunca han tenido el gran placer de convivir con estos maravillosos animales, de observar cómo se relacionan con el mundo, de percibir esas pequeñas (y a veces no tan pequeñas) muestras de cariño y complicidad y de sentir esa pequeña presencia siempre a su lado en casa. O quizá sí han vivido con ellos, pero puede que no se hayan parado a contemplarlos y, por tanto, no hayan sido conscientes de la inmensa suerte que tienen.

Por eso, querido lector, ya que tú y yo disfrutamos de la compañía de un gato (o lo harás pronto), las ideas que recoge este libro van dirigidas a ti. Escucha a tu gato, compréndelo, siente su naturaleza y no pases nada por alto, recuerda esa sutileza que los caracteriza. Pero, sobre todo, hay algo que quiero que siempre recuerdes:

Cuestiona antes de juzgar. Pregúntate el porqué de todo comportamiento inusual de tu gato y, ya que sabes que no actúan con el objetivo de perjudicarnos, busca ayuda tan pronto como notes un cambio en su actitud.

Una convivencia con tu gato tranquila y equilibrada es posible, y recuerda que, si alguna vez lo necesitas, siempre estaré a tu disposición para que juntos logremos que el vínculo con tu compañero felino sea inquebrantable.